(1)

LETTRE DE M***

A UN AMI DE PROVINCE.

SUR LE DESIR QU'IL TEMOIGNE DE VOIR UNE REPONSE à la Lettre contre *l'Art de vérifier les dates*, & au Journaliste de Trévoux.

Sibi docti non videntur nisi alienos labores, non judicando conentur discutere, sed lacerando conscindere. Aug. T. 6. de bono viduitatis. c. 15.

Il y a certaines gens qui ne se croiroient pas sçavans s'ils ne déchiroient les Ouvrages des autres, au lieu de les examiner sans passion, pour en juger raisonnablement.

MONSIEUR,

VOUS êtes impatient, dites-vous, de voir la réponse des Auteurs *de l'Art de vérifier les dates*, tant à la Lettre anonyme, qui a paru contre cet Ouvrage, qu'au Journaliste de Trévoux, qui vient d'adopter cette Lettre. Vous vous réjouissiez d'avance, ajoutez-vous, du plaisir que vous espérez goûter, en voyant nos déchiffreurs de dates aux mains avec leurs aggresseurs. Je suis mortifié de vous dire, Monsieur, que c'est un plaisir, sur lequel vous ne devez pas compter, & dont il faut que vous fassiez le sacrifice ; car il n'y a personne ici, qui ne pense que le silence & le mépris sont la meilleure réponse que puissent faire les Bénédictins. C'est un conseil qu'on leur a donné, & qu'ils ont suivi, & ce conseil me paroît très-sage.

En effet, l'accueil que les Sçavans ont fait à *l'Art de vérifier les dates*, le jugement favorable qu'en ont porté, non-seulement les doctes Académiciens, Auteurs des Journaux de Paris & de Verdun ; mais encore d'autres Sçavans dans leurs écrits périodiques, comme M. Freron ; enfin la justice que le Public a rendue à la Lettre anonyme contre cet Ouvrage, par le mépris qu'il en a fait ; toutes ces raisons ne dispensent-elles pas d'une réponse, ceux qui sont intéressés à défendre un Livre appuyé de tant de témoignages favorables, & qui n'a contre lui qu'un adversaire, qui même n'ose se montrer, quoiqu'il le pût faire impunément ? Il est vrai que le Journaliste de Trévoux vient d'adopter le libelle de l'Anonyme,

A

& s'est déclaré en faveur de l'Auteur. Mais les raisons de garder le silence sont toujours les mêmes, soit à l'égard de la Lettre, soit à l'égard de son Apologiste, dont l'autorité, comme vous en conviendrez aisément, n'est pas assez grande dans la République des Lettres, pour partager les suffrages, & pour contrebalancer le jugement des Sçavans, & même de tout le Public, qui s'est déclaré si unaniment pour *l'Art de vérifier les dates*.

Les injustes accusations de la Lettre appuyées de toutes l'autorité du Journaliste de Trévoux, ne changeront pas l'idée avantageuse qu'on en a conçue, & n'empêcheront pas les connoisseurs *d'admettre dans leurs cabinets* un Ouvrage, qui, selon le témoignage qu'ils en rendent tous les jours, leur est d'un grand secours dans leurs travaux littéraires.

D'ailleurs, M. les reproches que l'on fait dans la Lettre anonyme, non-seulement n'attaquent point le fonds du Livre critiqué; mais ils sont si ridicules pour la plûpart, qu'en vérité je ne sçais si on ne s'exposeroit pas à être blâmé avec justice, en entreprenant d'y répondre. Telle est par exemple l'accusation vague de Janfénisme, qui fait la base de la Lettre anonyme, dont l'Auteur débute ainsi dès la premiere page: *Tantôt le Janfénisme y éclate par des traits sensibles & palpables: tantôt il serpente d'une maniere plus subtile, & moins aisée à appercevoir, mais toujours également dangereuse.* N'est-ce pas là une admirable découverte, & un beau chef d'accusation contre *l'Art de vérifier les dates?* Un sçavant Théologien de Rome, se plaignoit il y a quelque tems dans une lettre, de ce que la demangeaison d'accufer de Janfénisme est aujourd'hui si grande parmi les ignorans, que bien-tôt ils croiront le voir dans le Symbole des Apôtres (*a*). Que diroit donc cet homme sensé, s'il voyoit que la demangeaison de trouver le Janfénisme par-tout, le fait chercher jusques dans des Calendriers & de Tables chronologiques?

Voudriez-vous, M. qu'on prît la plume pour réfuter sérieusement une pareille accusation? Le Journaliste de Trévoux en faisant l'éloge de la Lettre anonyme, a senti lui-même le ridicule de ce reproche, qui cependant est le grand objet de sa critique, & il n'a osé en parler, de crainte sans doute de s'exposer à la raillerie du Public. Il est vrai qu'il y a d'autres reproches dans la Lettre & en particulier une accusation des plus graves au sujet d'un passage d'Eusebe, que l'Anonyme & le Journaliste prétendent avoir été fabriqué. En conséquence vous prétendez, M. que les Auteurs de l'Art de vérifier les dates ne peuvent garder le silence sur ce reproche, quelque injuste qu'il soit, & vous croyez qu'ils doivent à eux-mêmes, à l'honneur du Corps dont ils sont membres, une justification; qu'ils la doivent même à la charité qui exige d'eux qu'ils fassent connoitre leur innocence, à ceux qui les accufent injustement de *la fabrication d'un texte*, afin de les engager à reconnoître leur faute, & à la réparer. C'est ainsi, dites-vous, que S. Augustin en usa autrefois à l'égard d'une Dame, qui avoit formé contre lui des soupçons défavantageux: Ce saint Docteur insensible à ce qui le regardoit, mais sensible au salut de son prochain, écrivit à cette Dame pour lui faire connoître qu'elle avoit tort. Le même Saint ne voulut pas laisser sans replique la réponse faite à un de ses Ouvrages par un Donatiste nommé Gaudentius; quoique ce Donatiste eût seulement fait voir, comme le dit agréablement saint Augustin, qu'il ne pouvoit ni répondre ni se taire: *nullâ ratione respondens, sed magis se nec respondere nec tacere potuisse declarans.* On ne peut proposer à des Bénédictins un plus beau modéle, & qui doive être plus de leur goût que saint Augustin.

Quelques solides que vous paroissent ces raisons, rien n'est plus aisé, M. que d'y répondre. Premierement je ne crois pas que la réputation des Auteurs de *l'Art de vérifier les dates*, souffre jamais de l'accusation formée contre eux. Le Public connoît les accusateurs & les accufés: il rendra assurément justice aux

Lib. 2. *petr.*
c. 9.

___

(*a*) Incredibilis est enim omnium imperitorum accusandi libido qui jam poenè in *Symbelo Apostolorum* videntur sibi Janfenismum videre.

uns & aux autres. Il n'ignore pas, que bien loin que les Bénédictins soient capables de corrompre des textes, l'Eglise leur est redevable de l'avantage qu'elle a d'avoir les textes des Peres dans toute leur pureté. Aussi ne vois-je personne ici, qui les croie capables du crime dont ont les accuse; mais j'en vois au contraire beaucoup qui sont indignés de l'accusation; sur-tout parmi les Sçavans. Quelques-uns disent hautement, que c'est une grande indiscrétion de la part de l'Anonyme & du Journaliste qui s'exposent à des reproches très-humilians & très-bien fondés, & à entendre répéter ce que dit un Poëte:

Loripedem rectus derideat Æthiopem albus
Quis tulerit Gracchos de seditione querentes. &c. Juven. Sat. 2.

Enfin des amis même du Journaliste, & je pourrois dire, de ses propres confréres, ou du moins qui l'ont été, ne peuvent s'empêcher de le blâmer, & paroissent *très-sincerement fâchés*, qu'il se soit ainsi déshonoré, en faisant l'éloge d'un écrit que la passion seule a dicté, & en adoptant une accusation atroce, qui n'est fondée que sur la plus énorme bévue.

Vous voyez que la réputation des Bénédictins ne souffre point de ce côté-là : ainsi il n'est pas nécessaire qu'ils fassent leur apologie, ni qu'ils prennent la peine de se justifier.

Le second motif que vous proposez, M. est plus pressant ; & s'il y avoit lieu d'espérer de la réponse des Auteurs le succès que vous semblez vous en promettre, je crois qu'ils seroient obligés de la faire, & d'avertir (*προσηνχσ-τως*) ceux qui les ont accusés injustement. Mais êtes-vous assez persuadé de ce succès, & avez-vous assez de foi, pour croire que, parce que le Journaliste de Trévoux vient de faire une espece de rétractation d'une faute, qui ne lui étoit pas personnelle, il en fera une pour lui-même ? Je ne doute pas qu'il ne le doive selon les loix divines & humaines : mais autre chose est d'avouer une faute d'autrui, autre chose d'avouer la sienne propre ; la seconde démarche est plus difficile que la premiere. D'ailleurs il est peut-être plus à craindre que les Auteurs de *l'Art de vérifier les dates* ne donnent plutôt occasion à leurs accusateurs d'augmenter leur faute que de la réparer; car, comme ils l'ont remarqué eux-mêmes d'après saint Augustin, les hommes sont plus disposés à chercher des réponses à ce qu'on objecte contre leur erreur, qu'à faire attention combien il leur est avantageux d'en être délivrés (b). Rappellez-vous, M. le ton *terrible* que l'Auteur de la Lettre & le Journaliste prennent, pour juger, si on pourroit attendre d'eux une rétractation. Je vais vous le remettre devant les yeux en rapportant fidélement les paroles des uns & des autres.

Les Auteurs de *l'Art de vérifier les dates* ont avancé dans leur liste chronologique des Conciles, que le Pape Victor excommunia les Asiatiques, & que cette excommunication fut blâmée par S. Irénée. « Double méprise, dit là-» dessus le Censeur, d'abord il n'est nullement sûr, que Victor ait prononcé » l'excommunication, & ensuite le terme de *blâmer* est de beaucoup trop fort. Il rapporte ensuite ce qui est dit dans l'Ouvrage qu'il attaque, que « plusieurs » grands Evêques remontrerent au Pape Victor qu'il avoit mal fait de sépa-» rer de l'unité, des Eglises si considérables. » Enfin il cite ces mots latins qui se trouvent au bas de la page 358 : *Irenæus Victorem tamen arguit quod non rectè fecerit abscindere à corpore unitatis tot & tantas Ecclesias Dei.* Or, continue l'Auteur de la Lettre, « il est certain que S. Irénée n'a point à beaucoup » près, traité d'une maniere aussi dure qu'on nous le dit là, le Pape Victor. » Car voici ce que l'on trouve dans l'endroit même d'Eusebe cité, *Irenæus* » *Victorem decenter admonet* (*προσηκοντως παρεινι*)... nulle part on ne trouve

(b) Procliviores sumus quærere potius quid contra ea respondeamus, quæ nostro objiciuntur errori, quàm intendere, quàm salubria sint ut careamus errore. *Aug. de nat. & grat.* c. 25.

Pag. 7.

A 2

» ces mots : *arguit quod non rectè fecerit.* C'est ici que la patience du Censeur
(dit le Journaliste de Trévoux, qui le qualifie *d'homme de lettres*) « s'épuise,
» & que prenant un ton *fort & terrible,* il s'écrie & demande ce qu'on doit
» penser de l'Auteur, s'il lui est permis de forger des textes à son gré, & s'il
» ne sçait pas le nom odieux que méritent ceux qui fabriquent des passages
» selon leur caprice, ou leur intérêt ? »

Novemb.
1750, page
2661.

Le Journaliste de Trévoux venant à l'appui de son prétendu *homme de let-*
tres, applaudit à cette déclamation & enchérit encore par dessus : « On peut
» *bien croire, dit-il, qu'à cette occasion, le Censeur prend un ton fort & terrible. En*
» *effet rien n'épuise plus la patience d'un homme de lettres, que la falsification mani-*
» *feste & palpable d'un passage, que l'attribution qu'on fait à un saint Pere de quel-*
» *que idée vicieuse dont on est prévenu. Toute méprise occasionnée par le défaut de*
» *sçavoir, d'attention, de réflexion, peut être excusée ; mais la substitution d'un texte est*
» *toujours un crime.* C'EST UNE SORTE DE SACRILEGE, *quand il s'agit des Saints, des*
» *Princes de l'Eglise, des matieres qui touchent la foi, ou le gouvernement public de*
» *la Chrétienté.* » Il ne manque à ce discours si pathétique du Journaliste,
que d'être appuyé de quelque exemple d'un châtiment extraordinaire, dont
la vengeance divine a puni un tel crime. Comme les exemples frappent encore plus que les paroles, on concevroit plus d'horreur de *cette espece de sa-*
crilege, si le Journaliste avoit représenté, comme il le pouvoit, quelque fa-
Valentia. bricateur de passages, * frappé de mort & tombant aux pieds du Souverain Pontife (comme autrefois Ananie & Saphire aux pieds de Saint Pierre) pour avoir
substitué seulement une particule à une autre dans un texte de S. Augustin.

Voilà, M. un grand crime *grave crimen !* Voilà des Auteurs accusés d'une
sorte *de sacrilege,* c'est-à-dire, d'avoir substitué un texte à un autre, pour attribuer à un Pere *les idées vicieuses* dont ils sont prévenus. Vous demandez
là-dessus, si les Accusés demeureront tranquilles sur une telle accusation ? Pourquoi non ? Quel besoin ont-ils d'apologie ? Qui est l'homme de lettres, qui
ne sçache que ces paroles : *Irenæus Victorem tamen arguit,* &c. qu'on prétend
avoir été fabriquées par les Auteurs de l'art de vérifier les dates, se trouvent
telles qu'ont les a citées, dans une infinité d'exemplaires tant imprimés que
manuscrits de l'Histoire Ecclésiastique d'Eusebe traduite par le célèbre Rufin.
Qui ne sçait que cette traduction a été la seule en usage dans l'Eglise pendant douze siécles ? Qu'on entre dans quelque bibliothéque que l'on voudra,
& l'on y trouvera des exemplaires de cette traduction dans lesquels on lira
ces paroles que l'Auteur de la Lettre prétend qu'on *ne voit nulle part : Irenæus*
Victorem tamen arguit, &c. Je me contente de citer l'ancienne édition de Rome de l'an 1476, sous le Pontificat de Sixte IV. On trouvera les mêmes paroles dans les éditions suivantes, dans des manuscrits de plus de 800 ans ; dans
une infinité d'Auteurs qui ont suivi cette traduction la seule en usage pendant tant de siécles.

Le Journaliste a cru sur la parole de l'Anonyme, que le passage étoit fabriqué ; & en suivant un aveugle, il est tombé dans le précipice avec lui :
en marchant sur ses traces, il a engagé ses pieds dans les rêts, & l'un &
l'autre se trouvent pris (c), sans pouvoir échaper. Car que pourroient-ils
répondre à ceux qu'ils ont accusés injustement, s'ils leur faisoient les questions
& les reproches qu'ils seroient en droit de leur faire ?

Si c'est un crime de substituer un texte à un autre, est-il permis à un Prêtre, à un Religieux, d'accuser sans fondement, les Auteurs des dates de la
fabrication manifeste & palpable d'un passage ? La charité chrétienne, & la probi-
té permettent-elles de tels procédés ?

Que répondroit à présent l'Auteur de la Lettre, si on lui demandoit à son
tour, s'il *sçait l'odieux nom que méritent ceux,* qui contre toute vérité, forment
des accusations si injustes & si criantes ? Que répondra le Journaliste de Tré-

____

(c) Immisit in rete pedes suos, & in maculis suis ambulat, *Job. c.* 18. ℣ 8.

voux , qui ne fe contente pas d'applaudir à une telle accufation , mais qui
l'aggrave encore , en accufant les Auteurs de l'Art de vérifier les dates , d'a-
voir voulu , par cette *fabrication manifefte & palpable* d'un paffage , attribuer à un
S. Pere, *l'idée vicieufe* dont il prétend qu'ils font prévenus ? Comme il ne dit pas
qu'elle eft cette *idée vicieufe* , il y a apparence qu'il entend les deux prétendues
méprifes que le Critique leur attribue au fujet de Victor , qui excommunia
les Afiatiques , & qui en fut blâmé par S. Irénée.

Le Cenfeur de l'Art de vérifier les dates ne foutient pas ici la qualité *d'hom-*
me de lettres , dont le Journalifte l'a gratifié , ni celui-ci celle d'un écrivain chargé de compofer des *Mémoires pour fervir à l'Hiftoire des Sciences & des beaux*
Arts. L'un & l'autre auroient dû fçavoir ce qui eft connu des Néophites même de la République des Lettres , & ne pas ignorer , que ce qu'ils traitent
de *méprife & d'idée vicieufe* eft un fentiment prefque généralement adopté par
les Sçavans anciens & modernes , qui foutiennent que le Pape Victor a réellement excommunié les fiatiques , & que fa conduite déplut à plufieurs grands
Evêques qui l'en reprirent très-vivement , comme le dit expreffément Eufebe :
πληκτικωτερον καταπιορμ̃μων τε βικτορος. *Acerbius perftringentium Victorem.* Eufebe
s'exprime là deffus d'une maniere fi claire , qu'il feroit difficile de trouver des
expreffions plus fortes , pour marquer que Victor excommunia les Afiatiques ,
puifqu'au rapport de cet Hiftorien , il les dénonça publiquement par fes lettres , & les déclara abfolument excommuniés (d) : κ̃ σηλιτευς γε δια γραμματων
ακοινωνητυσαρδηνπαντας τυς ἐκεισε ανακηρυτων αδελφυς. Pourroit-on trouver des termes plus expreffifs que ceux-là : car σηλιτευς fignifie proprement *aliquid libello*
publicè affixo divulgare , & l'autre ανακηρυτων , *aliquid præconis voce declarare.*

Rufin & Socrate ont auffi entendu les paroles d'Eufebe d'une véritable excommunication , réellement publiée ; ce qui fait dire à M. de Marca , que
c'eft une chofe conftante , par le témoignage d'Eufebe & de Socrate , que
Victor a prononcé l'excommunication : *Ex Eufebio enim & Socrate conftat de ex-*
communicatione à Victore inflicta. Rien n'eft plus formel que les termes du Syno-
dique rapportés par le P. Labbe : *Victor Romanæ Ecclefiæ fanctiffimus Pontifex ex-*
communicationem mittit Polycrati. Parmi les modernes , Baronius , le P. Alloix Je-
fuite , M. de Marca , le P. Pagi , M. de Tillemont , D. Couftant Bénédictin ,
M. Dupin , le célébre M. Duguet , & une infinité d'autres écrivains , foutiennent que le Pape Victor excommunia les Afiatiques. S'il y en a quelques-
uns , comme M. de Valois , qui prétendent le contraire , c'eft qu'ils ne diftin-
guent pas deux chofes dans cette grande affaire. 1°. Le Pape Victor pouvoit
bien fe féparer des Evêques d'Afie , & il le fit , en les excommuniant : 2°. mais
il ne pouvoit les féparer de l'unité de l'Eglife , s'il n'étoit fuivi des autres
Evêques : il l'entreprit & fit tous fes efforts pour les porter à faire à l'égard
des Evêques d'Afie ce qu'il venoit de faire lui-même ; c'eft le fens de ces
paroles d'Eufebe : αποτεμνειν τῆς κοινῆς ενωσεως πειρᾶται , qui ont trompé M. de
Valois , & lui ont fait croire que Victor avoit feulement tâché d'excommu-
nier les Afiatiques. Ce Traducteur n'a pas bien compris le fens des paroles
d'Eufebe , & il ne les a pas rendues (comme le remarque le fçavant M. Duguet) auffi heureufement que Chriftophorfon , *à communitate Ecclefiæ amputare*
conatur.

Il ne s'agiffoit plus de la communion particuliere de l'Eglife de Rome ,
c'étoit une chofe faite , & pour laquelle le Pape Victor n'avoit nul effort à
faire , puifqu'il en étoit le maître ; mais il s'agiffoit d'y faire confentir tous les
Prélats ; il tâcha de le faire , mais il n'y réuffit pas , comme le dit S. Jérôme ,
Victori non dederunt manus. Peu après il rendit fa communion aux Afiatiques ,
& tout rentra dans le calme.

Des hommes de Lettres auroient dû fçavoir cela , & ne pas regarder com-

Tom. I.
Conc. pag.
600.

(d) Datifque litteris univerfos qui illic erant fratres profcribit , & ab unitate Ecclefiæ
prorsùs alienos effe pronuntiat.

me une *méprise*, ni comme une *idée vicieuse*, ce qui eſt dit dans l'Art de vé-
riſier les dates, ſur l'autorité & le témoignage de tant d'Auteurs, de l'excommunication publiée par le Pape Victor contre les Aſiatiques, & blâmée par
S. Irénée. Mais qu'y a-t-il de vicieux en cela ? Que veut dire le Journaliſte
avec *l'attribution* qu'il prétend *qu'on fait à un S. Pere de quelque idée vicieuſe,
dont on eſt prévenu*. Eſt-ce donc une *idée vicieuſe* de croire que S. Irénée a repris le Pape Victor, & de ſuppoſer que ce S. Evêque a cru que le Pape Victor pouvoit être repris ? Si c'eſt-là une idée vicieuſe, il faudra donc dire,
que Saint Paul a été auſſi prévenu d'une idée vicieuſe, lorſqu'il a repris
S. Pierre, & qu'il a cru devoir lui réſiſter en face, parce qu'il étoit répré-
henſible (e).

Quant au terme de *blâmer* que l'Anonyme prétend être de *beaucoup trop
fort*, ce qui lui a donné occaſion, ainſi qu'au Journaliſte de Trévoux, de
former des accuſations ſi atroces & ſi injuſtes, il n'y a qu'à lire ce que dit
Euſebe là deſſus pour être convaincu, que non-ſeulement le terme de *blâmer*
n'eſt pas trop fort, mais qu'il n'exprime pas même aſſez la force du texte grec.
Cet Hiſtorien qui avoit ſous les yeux les lettres, qui furent écrites à Victor
ſur ce ſujet, dit qu'ils le reprirent d'une maniere très - dure : Θίργται δὲ καὶ
τέται φωναὶ πληκτικώτερον καθαπλομίνων τε ἐπισκόπων. (f) S. Irénée étoit du nombre
de ces Evêques. C'eſt pourquoi M. de Tillemont parlant de cette diſpute dans
ſon Hiſtoire Eccléſiaſtique, dit qu'on voyoit par les diſcours conſervés juſqu'au tems d'Euſebe que les *Evêques reprirent Victor aſſez fortement* ; puis il ajoute : « S. Irénée fut de ce nombre, & dans la lettre qu'il écrivit à Victor au
» nom des Chrétiens dont il étoit le chef (dans les Gaules) *il blâma ſa trop*
» *grande chaleur avec beaucoup de force & de généroſité.*

Il eſt encore à propos de remarquer que ſi le terme de *blâmer* paroiſſoit *trop
fort* à l'Anonyme, & ne pas rendre fidélement le ſens de ces paroles d'Euſebe, προσηκόντως παρινεῖ, c'eſt une nouvelle injuſtice de ſa part d'avoir accuſé ſur cela les Auteurs des dates, puiſqu'ils n'ont point cité Euſebe dans la liſte des Conciles, où ils ont dit que l'excommunication du Pape Victor fut
blâmée, & que dans l'endroit où ils ont cité Euſebe, ils ne ſe ſervent point
du terme de blâmer. Ainſi de quelque côté qu'on prenne la critique de la
Lettre & du Journaliſte, rien n'eſt plus contraire à la vérité & à l'équité.

Vous voyez, M. que ſi le crime dont on a accuſé les Auteurs de l'Art de vérifier les dates eſt grand, ils pourroient dire avec S. Auguſtin, répondant aux
reproches des Manichéens, qu'il ne faut pas aller chercher bien loin pour les
juſtifier : *grave crimen ! Sed longinquam defenſionem non requirit.* Il ſuffiroit même
de rapporter ce qu'ils ont dit du Pape Victor. « La diſpute, ont-ils dit, ſur la
» célébration de la Pâque, ſe renouvella ſous Victor, qui ne garda pas la
» même modération que ſes prédéceſſeurs ; car il écrivit des lettres pour re-
» trancher de la communion de l'Egliſe les Evêques d'Aſie ; mais il ne réuſſit
» pas à faire entrer les autres Evêques dans ſes vues, *in quâ ſententiâ hi qui*
» *diſcrepabant ab illis, Victori non dederunt manus*, dit S. Jérôme. Cela modé-
» ra le zéle du Pape Victor, auſſi-bien que les *ſages remontrances* de pluſieurs
» grands Evêques, entr'autres de S. Irénée *qui lui repréſenterent*, qu'il avoit
» mal fait de ſéparer de l'unité, des Egliſes ſi conſidérables, & qui l'exhor-
» terent à tenir une conduite plus conforme à la paix, à l'unité, & à la cha-
» rité qu'on doit avoir pour le prochain. » Remarquez, s'il vous plaît, M.
que c'eſt au bas de la page 358 où l'on parle ainſi de Victor, qu'eſt cité le
texte : *Victorem tamen arguit*, qu'on prétend avoir été fabriqué, & vous jugerez
que les Auteurs de l'Art de vérifier les dates ont ſi peu eu le deſſein de fa-
briquer ce paſſage, qu'ils ne font point d'uſage des paroles, qu'on les accuſe

Tom. III.
p. 109.

Socr. lib.
V. c. 12.

(e) In faciem ei reſtiti quia reprehenſibilis erat. *Gal. cap. II. ℣ 11.*
(f) Exſtant etiam num eorum litteræ quibus Victorum acerbius perſtringunt.

d'avoir fabriquées. Car au lieu de se servir du terme de *reprendre*, suivant le latin cité *arguit*, on y lit que les Evêques & entre autrres S. Irénée firent *de sages remontrances* au Pape Victor, & qu'ils lui *représenterent*, &c. ce qui répond au grec πρεσγνυ.

De plus, il n'y a aucun lecteur éclairé, qui ne voie en lisant l'article du Pape Victor, qu'il est tout conçu d'expressions extraites des Auteurs qui ont parlé de la controverse sur la Pâque, entre le Pape & les Asiatiques; & qui ne sente l'injustice de tous les *grands reproches* de l'Auteur de la Lettre & du Journaliste de Trévoux, tant sur la fabrication prétendue, que sur le sens des paroles d'Eusebe, dont les accusés ne se sont nullement écartés.

Parcourez, M. tous les autres chefs d'accusation, vous verrez qu'ils sont tous mal fondés, & que tous ne demandent de la part des Bénédictins qu'une même réponse, c'est-a-dire, le silence & la priere; le silence à l'égard des accusations, & la priere pour les accusateurs, afin d'obtenir de Dieu qu'il leur fasse connoître leur injustice.

L'Anonyme a accusé les Auteurs de l'Art de vérifier les dates, *d'avoir été attentifs à ramasser tout ce qui s'est dit contre les Papes*, & il dit que c'est *sur-tout Victor qu'ils attaquent*. Pour juger combien une telle accusation est injuste, il suffit de jetter les yeux sur la Table chronologique des Papes; on y verra par-tout la profonde vénération qu'ont eu les Auteurs de cet Ouvrage pour le Saint Siége. On y trouvera les plus grands éloges d'un grand nombre de saints Pontifes qui l'ont rempli. Si parmi ce grand nombre, il s'en est trouvé, dont la sincérité ne leur permettoit pas de louer la conduite, ils en ont parlé avec tous les ménagemens & la discrétion possibies. On peut assurer hardiment, qu'on ne trouvera point d'Auteur qui l'ait fait avec plus de ménagement, je m'en suis convaincu moi-même par l'attention particuliere avec laquelle j'ai lu cette liste. Quand l'Auteur de la Lettre dit que c'est *sur-tout Victor qu'on attaque*, on croiroit qu'il s'est trompé de nom, s'il ne parloit pas à cette occasion de la dispute sur la Pâque; car on ne voit rien dans son article, qui puisse donner le moindre prétexte à une pareille accusation.

Le Pape Libere, dit le Censeur, *& le Concile de Rimini ne sont pas plus épargnés que Victor & son Concile.* Il faut avouer, qu'on est surpris d'un tel langage. Le Censeur voudroit-il donc qu'on eut parlé avec éloge de la démarche que fit Libere, & d'un Concile qui eut une fin si déplorable? On est encore plus surpris, & il y a assurément lieu de l'être, lorsqu'on entend le même Censeur assurer hardiment qu'il y a *une insigne fausseté* dans ce qui est dit pag. 242, que « l'Empereur engagea les Députés catholiques (du Concile de Rimini) à » signer à Nicée en Thrace un nouveau *formulaire Arien*, qui fut envoyé à Ri- » mini, & enfin reçu par tous les Evêques du Concile. » Ce fait est constant. Cependant le Censeur prétend qu'il y a une *insigne fausseté*; parce que, si on l'en croit, *le formulaire considéré en lui-même, & selon la teneur des termes, n'est nullement Arien.* On demanderoit volontiers, si celui qui parle de la sorte est persuadé que Jesus-Christ le Verbe éternel est consubstantiel à son Pere? Quoi? le formulaire signé à Rimini considéré en lui-même & selon la teneur des termes n'est *nullement Arien*, & c'est une *insigne fausseté* que de le dire! Mais si le formulaire signé à Rimini n'étoit nullement Arien, pourquoi donc S. Athanase met-il l'Assemblée, où il fut signé au rang des Conciles Ariens? Pourquoi S. Ambroise écrivant à l'Empereur Valentinien dit-il, qu'on *signa à Rimini que Jesus-Christ est une créature?* C'est pourquoi, ajoute ce S. Docteur, j'ai en horreur ce Concile: *Hoc scriptum est in Ariminensi Synodo meritoque Concilium illud exhorreo.* Un Pere de l'Eglise qui parle de la sorte ne regardoit assurément pas le formulaire de Rimini comme n'étant nullement Arien. Ce grand Saint a moins épargné, comme on voit, le Concile de Rimini, que les Au-

---

Margin notes:

Pag. 7.

Pag. 8.

Pag. 11.

Ambr. tom.
II. epist. 1.
class. ep 21.
ad Valentin.
p. 862. n.
14,

teurs de l'Art de vérifier les dates. Ainsi les plaintes qu'on fait contre ceux-ci retombent sur S. Ambroise même.

L'Auteur de la Lettre renvoie à S. Jerôme, pour apprendre de lui que le formulaire de Rimini confidéré en lui-même n'étoit nullement Arien. Écoutons donc S. Jerôme, il va prononcer l'arrêt contre celui qui en a appellé à fon tribunal. Ce S. Docteur parlant de ce qui fe paſſa fous l'Empereur Conſtance en l'année *359*, & du formulaire figné à Rimini, débute par ces pa-roles : « Sous le nom d'unité & de paix, on figna l'impiété, *nomine unitatis & pacis infidelitas fcripta eſt*, c'eſt-à-dire, le formulaire qui felon le Cenfeur, n'étoit *nullement Arien*. Puis, après avoir rapporté tous les artifices, dont fe fervirent les Ariens pour tromper les Evéques catholiques, qui ne s'apper-cevant pas du *venin* qu'on avoit gliſſé dans ce formulaire (*g*), fe laiſſerent entraîner & le fignerent ; il continue, & dit que l'Univers gémit, & fut dans l'étonnement de fe voir Arien. *Ingemuit totus orbis & Arianum fe eſſe miratus eſt.* Sur quoi on peut faire ce raifonnement, qui eſt fans replique. Il eſt certain que le plus grand nombre des Evéques qui avoient figné, conferverent la foi de Nicée ; ainfi fi l'univers fut dans l'étonnement de fe voir Arien, il ne pouvoit l'être que par la fignature du formulaire, puifque la plupart confer-voit la foi de Nicée. Or comment pouvoit-il être Arien par la fignature du formulaire, fi ce formulaire n'étoit nullement Arien?

Mais quand bien même, M. on pourroit excufer en quelque maniere, comme l'a fait le Pere Alexandre, le formulaire de Rimini, & dire avec ce Théologien, qu'il ne contenoit rien d'hérétique, felon la fuperficie des pa-roles, *fecundum fuperficiem verborum*, a-t-on droit d'accufer les Auteurs de l'Art de vérifier les dates d'une *infigne fauſſeté*, parce qu'ils ont qualifié de formu-laire *Arien* une profeſſion de foi que S. Ambroife avoit *en horreur*, & qui jetta l'Eglife dans la plus grande confufion ; ce qui fait dire à S. Jerôme : » que la nacelle des Apôtres fut alors dans un grand danger, étant agitée par » les vents & battue des flots, enforte qu'il ne reſtoit plus d'efpérance, lorf- » que le Seigneur fe réveilla, commanda à la tempête, & la bête étant mor- » te (l'empereur Conſtance) la tranquillité fut rendue à l'Eglife (*h*). Pouvez-vous penfer, M. que les Auteurs de l'Art de vérifier les dates foient obligés de rompre le filence, pour fe juſtifier d'avoir penfé du Concile de Rimini, ce qu'en ont penfé les Athanafes, les Ambroifes, les Jerômes, & pour faire voir qu'ils n'ont pas eu tort de traiter *de formulaire Arien*, une profeſſion de foi qui contenoit le venin de l'héréfie *venenum infertum* ; dont la fignature fut un fujet de triomphe pour les Ariens, de douleur pour toute l'Eglife, & de gémiſſement pour tous les Evéques catholiques, qui s'étoient laiſſés tromper, & qui reconnoiſſant leur faute, en demanderent humblement pardon.

Le reproche qu'on fait par rapport à Libere n'eſt pas moins injuſte. » Tout le monde fçait, dit l'Auteur de la Lettre, qu'il y a eu à Sir- » mich trois Conciles & trois formules de foi différentes ; (puifque le Cen- » feur fçait cela, il a quelque raifon de croire que tout le monde le fçait) » que la chûte de Libere fe borna à avoir foufcrit la premiere, qui n'étoit » pas formellement hérétique. » Il eſt vrai qu'il y a eu trois Conciles a Sir-mich, qui fe font tenus, comme on le voit dans la liſte des Conciles, con-formément au fentiment du P. Pagi ; le premier en *351*, le fecond en *357* & le troifiéme en *358* : il eſt vrai encore qu'il y a eu trois formules différen-tes, & on pourra même dire avec M. de Tillemont qu'il y en a eu une quatriéme. Ce fut, felon le P. Pagi dans le troifiéme Concile tenu en *358*,

____

(*g*) Nemo venenum infertum putabat.
(*h*) Periclitabatur navicula Apoſtolorum, urgebant venti, fluctibus latera tundebantur : nihil jam fupererat fpei : Dominus excitatur, imperat tempeſtati ; beſtia moritur, tran-quillitas redit.

que

Dial. cont. Lucif.

Diſſert. 23. in fecul IV.

Pagi ad an. 357. n. XII & XIII. p. 489.

que le Pape Libere fut rétabli, après avoir foufcrit la formule qui y avoit été dreflée (i). Tel eft le fyftême que les Auteurs de l'Art de vérifier les dates paroiffent avoir fuivi dans la lifte des Conciles. Leur Cenfeur fait différens raifonnemens là-deffus pour y trouver de la contradiction ; il prétend que le troifiéme Concile s'eft tenu en 359, & croit pouvoir le prouver par les propres termes de fes adverfaires ; parce que, felon eux, Eufebe, & Hypatius furent Confuls l'an 359, & que felon Socrate ce fut fous ce Confulat que le troifiéme Concile de Sirmich fe tint. Si l'argument étoit en forme, il faut avouer qu'il feroit fans replique, mais pour cela il faudroit que le Cenfeur eut montré que fes Adverfaires ont placé ce Concile fous le Confulat d'Eufebe & d'Hypatius. Il eft vrai cependant que plufieurs Auteurs célébres anciens & modernes placent ce Concile fous le Confulat d'Eufebe & d'Hypatius, & par conféquent en 359 ; & je penfe que les Auteurs des dates auroient pû fuivre ce fentiment, qui eft en particulier celui de M. de Tillemont, dont l'autorité paroît ordinairement être d'un grand poids pour eux. Mais quoiqu'il en foit de l'année de ce Concile, la principale difficulté eft de décider quelle eft la formule que Libere a fignée.

Tout le monde fçait, fi l'on en croit l'Auteur de la Lettre, *que la chûte de Libere fe réduit à avoir figné la premiere formule, qui n'étoit pas formellement hérétique*. Il le penfe ainfi, & cela lui fuffit pour affurer que *tout le monde le fçait*. Saint Hilaire de Poitiers ne le fçavoit cependant pas. Le Pere Petau, dont les lumieres étoient fans doute auffi étendues que celles du Cenfeur, & dont l'autorité doit-être refpectable pour lui, ne le fçavoit pas non plus ; puifqu'il affure, que fi Libere a figné quelque formule (ce que perfonne ne peut révoquer en doute) il faut que ç'ait été la feconde : or cette feconde formule étoit la plus mauvaife de toutes, & fi mauvaife, que les Ariens eux-mêmes la firent fupprimer par l'autorité de Conftance, qui donna un Edit exprès pour en retirer les exemplaires. M. de Tillemont affure que « ce n'eft pas une petite difficulté de fçavoir fi Libere a figné la premiere, » ou la feconde confeffion de Sirmich, & il ajoute, que le tems auquel il » il l'a fignée, femble perfuader que c'étoit la feconde qui venoit d'etre fai- » te ». En effet il paroît bien plus naturel que Libere ait figné la formule qui fut faite dans le Concile où il fut rétabli ; qu'une formule qui avoit été faite plufieurs années auparavant. Enfin M. de Tillemont, après avoir difcuté cette matiere finit en difant : « qu'il eft peut-être plus sûr de demeurer dans » le doute que de vouloir rien affurer de part ou d'autre ».

Ce fage & judicieux Auteur croit néanmoins, « qu'il n'y a rien qui » empêche abfolument de diminuer un peu la faute de Libere, & de dire » qu'il n'a figné que la premiere confeffion de Sirmich ». Les Auteurs de l'Art de vérifier les dates imitant la modération de cet excellent Hiftorien, ont dit dans la lifte des Papes que Libere figna la premiere confeffion de Sirmich, quoique dans la lifte des Conciles ils euffent fuivi le P. Pagi, qui lui en fait figner une autre. Ainfi on voit clairement que s'il y a de la contradiction en cela, bien loin que ce foit, comme le prétend l'Auteur de la Lettre, *le plaifir de faire figner à un Pape une formule hérétique*, qui a aveuglé les Auteurs des dates, c'eft au contraire *le défir de diminuer un peu la faute de Libere* qui leur a fait préférer le fentiment de M. Tillemont à celui du P. Pagi qu'ils avoient fuivi dans la lifte des Conciles. Tout Lecteur non paffionné, ni prévenu, en jugera ainfi. L'équité naturelle demandoit qu'ont eut égard à l'avertiffement qu'ont donné les Auteurs dans la préface de leur ouvrage, où ils difent qu'ils ont fuivi dans la lifte des Papes des premiers fiécles M. de Tillemont & D. Couftant, pour faire connoître que s'il fe trouvoit quel-

In Epiphan. pag. 316.

Tom. VI. pag. 771.

Pag. 774.

Pref. pag. VIII.

____

(i) Tertia denique (Synodus) in qua Liberius reftitutus eft cùm formulæ in ea fcriptæ fubfcripfiffet anno 358 coacta.

que différence, il falloit s'en rapporter à cette liste poſtérieure. C'eſt pour cette raiſon qu'ils ont cru pouvoir ſe diſpenſer de placer ces différences *au rang des errata*, ce ſont leurs paroles.

Ce qui eſt dit du Pape Honorius ſur l'autorité d'un Concile général, donne encore occaſion au Cenſeur de renouveller les plaintes vagues & injuſtes qu'il avoit déja faites au ſujet des Papes Victor & Libere, & d'attribuer aux *Pag. 14.* Auteurs de l'Art de vérifier les dates une *envie démeſurée d'humilier les Papes, & de ne jamais citer que ce qui leur eſt déſavan'ageux :* puis ſans avoir donné *Pag. 15.* aucune preuve de cette injuſte accuſation, il continue ainſi: *S. Pierre lui-même ſouffre de cette mauvaiſe humeur :* La raiſon qu'en donne ce ſçavant Critique, eſt ſinguliere; c'eſt parce que l'Auteur de l'Art de vérifier les dates *appelle* (S. Pierre) *le premier des Apôtres.*

Que répondre à un pareil reproche? Il faut en vérité avoir une imagination bien extraordinaire, pour penſer que c'eſt l'effet d'une *mauvaiſe humeur, d'appeller S. Pierre le premier des Apôtres.* Le Critique a-t-il lu l'Evangile? ou l'a-t-il *Matth. XX.* oublié? S. Matthieu appelle S. Pierre le premier. *Primus Simon qui dicitur Pe-* *2.* *trus.*

Mat. XXVII Qu'auroit donc dit le Cenſeur, s'il avoit lu ce que le même Evangéliſte dit *24.* de S. Pierre; « qu'il ſe mit à déteſter, & à dire en jurant, qu'il ne connoiſ-
» ſoit point Jeſus-Chriſt ; » ſelon ſa façon de penſer, il trouveroit aſſurément dans ces paroles plus que de la *mauvaiſe humeur.* L'Auteur de l'Art de vérifier les dates eſt heureux de ne les avoir pas rapportées : car ſon Cenſeur n'auroit pas manqué de lui reprocher *qu'il adopte tout ce qu'on a avancé de plus dur contre ce Pape.* Vous voyez, M. juſqu'où va l'eſprit de chicane.

L'Auteur de la Lettre non content de critiquer ce qui eſt dit des Papes, fait encore un crime aux Auteurs de l'Art de vérifier les dates de ce qu'ils ne diſent pas. Il ſe plaint de ce que dans l'article de Grégoire VII, *on ne fait nulle mention du titre de Saint qu'il a dans l'Egliſe.* Jugez, M. s'il convient bien à l'Auteur de faire un tel reproche, lui qui parlant d'un des plus ſaints Evêques du IX ſiécle, c'eſt-à-dire, de S. Prudence de Troyes, ne lui donne pas *la qualité de Saint:* Sans doute il ne le regarde pas comme tel: car il convient qu'il *favoriſoit Gotteſcalch.* Or celui qui favoriſoit Gotteſcalch, c'eſt-à-dire, ſelon lui, un *Sectaire*, un *moine Prédeſtinatien,* peut-il être regardé par l'Auteur de la Lettre, je ne dis pas comme un *Saint ;* mais même comme Catholique? Ce qui paroît certain, c'eſt que le Cenſeur fait clairement entendre que les paroles de S. Prudence ſont oppoſées à ce qu'il lui plaît d'appeller *les ſentimens Catholiques.* En voici la preuve : le Cenſeur après avoir cité un texte, *Pag. 6 de* qui eſt rapporté dans l'Art de vérifier les dates, ajoute : « n'auroit-on pas dû *la Lettre.* » faire remarquer, qu'Hincmar reprochoit à Prudence de Troyes de s'être ex-
» primé de la ſorte pour favoriſer Gotteſcalch ? » Puis il dit, que dans *le ſyſ-* *tême de ſon Adverſaire, tout ce qui appuie les ſentimens Catholiques doit-être totale-* *ment ſupprimé.* Vous voyez, M. qu'il appelle *ſentimens Catholiques* ce que dit Hincmar par oppoſition aux ſentimens de S. Prudence, qui par conſéquent, ſelon lui, ne ſont pas Catholiques.

Vous venez d'entendre, M. que l'Auteur de la Lettre traite Gotteſcalch de *Sectaire*, & de *moine Prédeſtinatien.* C'eſt le premier article & le plus conſidérable de ſa production de 20 pages, dont ſept ſont employées à déclamer ſur ce ſujet.

Il eſt dit dans l'Art de vérifier les dates pag. 492, que « Charles le chauve » conſulta Loup de Ferrieres ſur trois queſtions importantes, de la Prédeſ- » tination, du Libre-arbitre, & de la Rédemption du Sang de Jeſus-Chriſt, » auxquelles Gotteſcalch moine d'Orbais, très-verſé dans les Ecrits de Saint » Auguſtin avoit donné occaſion par quelques expreſſions un peu dures ».

Le Cenſeur s'écrie là-deſſus: « Ne voilà t-il pas déja une louange exorbi-

» tante donnée à ce *Sectaire ?* » Mais une addition qui se trouve à la fin du
Livre, l'irrite de telle sorte, que ne ménageant plus les termes, il la qualifie de *véritable friponnerie & d'odieuse supercherie.* Le Journaliste de Trévoux se
contente de la derniere qualification. Cette addition si durement qualifiée
consiste à dire que les expressions de Gottescalch sont *dures pour ceux qui ne
sont pas au fait du langage de S. Paul & de S. Augustin.* Le Censeur & le Journaliste prétendent que c'est un artifice de la part des Auteurs de l'art de vérifier les dates, & que n'ayant osé tenir ce langage dans le corps du Livre,
ils se sont mis à l'aise dans un *hors d'œuvre*, dont le Censeur n'a pas eu con-
noissance. Parler ainsi c'est vouloir fouiller dans le cœur de l'homme, ce qui
est du ressort de Dieu seul.

Mais pourquoi les Auteurs des dates n'auroient-ils pas osé mettre dans le corps
de leur Ouvrage les paroles qui se trouvent dans l'*errata* ? N'est-il pas bien étran-
ge, M. qu'on fasse une querelle à des Bénédictins pour deux mots qu'ils ont dit
en faveur d'un de leurs Confreres, tandis que nous voyons les Cardinaux Baronius & Bellarmin, & de très-habiles Théologiens justifier, sans que personne le
trouve mauvais, le Pape Honorius, Origene, Théodoret, qui ont été con-
damnés par des Conciles généraux ? Pourquoi ne seroit-il pas également permis de justifier Gottescalch, qui non-seulement n'a jamais été condamné par
aucun Concile général ; mais même dont la doctrine a été jugée très-saine par
des Conciles nombreux, par les plus saints & les plus sçavans Prélats de son siè-
cle & par tous les plus habiles Théologiens ? Pourquoi ne seroit-il pas permis de dire, que ce Religieux n'a soutenu aucune erreur, & qu'il n'a enseigné que les principes de S. Augustin, que les ennemis de la Grace ont
voulu faire regarder comme une hérésie, à laquelle ils ont donné le nom
de Prédestinatianisme ? Gottescalch a été traité en cela comme les fidéles disciples de S. Augustin l'ont été par Fauste de Riez, & comme S. Augustin
lui-même l'a été par les Sémi-Pélagiens. C'est la remarque d'un célébre Théologiens de l'Ordre de S. Dominique (Contenson) qui fait à ce sujet une réflexion digne de ses grandes lumieres & de sa tendre piété (*k*). « Si, dit-il,
» de tels & de si horribles monstres d'hérésie ont été non-seulement attribués
» par Hincmar à Gottescalch ; mais même aux véritables disciples de S. Au-
» gustin par Fauste, & à S. Augustin lui-mêmes par les Sémi-pélagiens, qui
» n'apportoient d'autres preuves de ce qu'ils avançoient que des calomnies
» manifestes, considérés combien il est dangereux de juger des autres témé-
» rairement, d'en parler mal, & d'assurer que quelqu'un est criminel & hé-
» rétique à moins que nous ne voyions d'une maniere évidente qu'il l'est
» effectivement. »

La meilleure réponse qu'on put faire à l'Auteur de la Lettre anonyme &
à son Approbateur, s'il étoit nécessaire de leur en faire une, ce seroit peut-
être de leur proposer les réflexions chrétiennes du Théologien que nous venons
de citer, & de les exhorter à s'examiner là-dessus au sujet des accusations qu'ils
forment tant contre Gottescalch que contre ceux qu'ils attaquent à son sujet.

Qui ne sçait que ce Religieux fut opprimé par Hincmar, sans avoir jamais
été convaincu d'erreur ? Il n'y en a aucune, ni dans l'écrit qu'il présenta au
Concile où il fut si maltraité par Hincmar, qui rapporte lui-même la substan-
ce de cet écrit ; ni dans les deux confessions de foi qu'il dressa dans la prison,
où Hincmar eut la cruauté de le tenir enfermé jusqu'à la mort ? Qui ne scait

(*k*)Si tot & tanta hæreseum portenta non solùm Gottescalcho ab Hincmaro, sed etiam
veris Augustini discipulis à Fausto & ipsi quoque Augustino à Semipelagianis, nihil tamen
probationis præter manifestas calumnias afferentibus, collata sunt, vide quàm periculosum
sit de aliis temere judicare, male de aliis loqui, illumque nocentem vel hæreticum asserere
nisi quem nocentem quemve hæreticum certò perspexeris, &c. *Contens. tom. 5. de Grat. ap-
pend de Pradest. §. 3.*

que tandis qu'on opprimoit ce défenseur de la doctrine de S. Augustin, les saints & les plus sçavans Prélats de France, & les plus grands hommes de ce siécle éleverent leur voix, sinon pour défendre sa personne, du moins pour défendre sa doctrine ? De ce nombre furent Flore, Diacre de l'Eglise de Lyon parlant au nom de son Eglise, Ratramne Moine de Corbie, S. Prudence de Troyes, S. Remi de Lyon. Ce dernier parlant des sentimens de Gottescalch, tels qu'il les avoit expliqués dans le Concile & auparavant, soutient hautement que ce qu'il a dit ʺ de la Prédestination est véritable, étant conforme à ʺ la regle de la foi & à ce qu'ont enseigné les Peres, & que par conséquent il ʺ ne peut être rejetté ni condamné de quiconque veut passer pour catholiʺ que (*l*). Celui dont on ne peut rejetter les sentimens si l'on veut passer pour catholique, a-t-il besoin d'apologie contre celui qui le traite de *Sectaire* & de *moine Prédestinatien* ? Saint Remi étoit bien éloigné d'avoir de lui l'idée qu'en a l'Auteur de la Lettre, puisqu'il se plaint encore qu'en le condamnant, *on avoit condamné la doctrine de l'Eglise*. Après un tel témoignage en faveur de Gottescalch, qui est celui d'un Saint parlant au nom de son Eglise & de plusieurs Conciles nombreux, est-il nécessaire de réfuter ce que dit contre lui un Auteur, qui dans la maniere dont il le traite, s'écarte également des regles de la saine critique & de la charité chrétienne ?

Vous sçavez, M. que la doctrine que Gottescalch enseignoit fut établie dans de nombreux Conciles, qu'elle fut approuvée du Pape Nicolas, comme nous l'apprenons de l'Annaliste de S. Bertin (*m*) ; que ce Pape étoit favorable à Gottescalch qui avoit appellé au S. Siége, & avoit envoyé l'an 859 son appel à Rome par Guntbert moine d'Autvilliers son ami. Dès-lors le Pape Nicolas fit deux choses qui tendoient à la justification de Gottescalch. La premiere, en ordonnant qu'il paroîtroit avec Hincmar devant les Légats du S. Siege pour y défendre sa cause : la seconde en confirmant par sa décision, dont parle l'Annaliste de S. Bertin, les Canons du Concile de Valence. Mais Hincmar n'avoit garde de comparoître, & il tâcha de s'en excuser dans une grande Lettre qu'il écrivit au Pape. Craignant toute fois les effets de la bienveillance que ce Pontife témoignoit pour Gottescalch, il écrivit une lettre secrete à Egilon qui en 866 se disposoit à partir pour Rome, afin qu'il exposât au Pape tous les égards qu'il avoit pour Gottescalch dans sa prison, où il le retint cependant enfermé 20 ans, c'est-à-dire, jusqu'à sa mort arrivée en 868 ou 869, & où il lui fit refuser les derniers Sacremens, & même la sépulture ecclésiastique.

Les témoignages que j'ai rapportés en faveur de Gottescalch, & auxquels il me seroit aisé d'en ajouter beaucoup d'autres, prouvent évidemment que ce Religieux bien loin d'être *un Sectaire* & un *Prédestinatien*, doit-être regardé, ainsi que le dit Contenson (*n*), « comme un généreux défenseur de la doctrine de ʺ S. Augustin & de la foi catholique, qui a souffert pour la justice, pour la ʺ vérité & pour la Grace, & qui est mort dans la souffrance ». Un tel homme demande de nous, permettez-moi de vous le dire, M. non des apologies ; mais des respects, & des éloges. Quel contraste, M. dans le même Journal de

---

(*l*) Videtur nobis sine dubio quod illa quæ de divinâ prædestinatione dixit (Gottescalchus) juxtâ regulam catholicæ fidei vera sunt & à veridicis patribus manifestissimè confirmata nec ab ullo penitus nostrum qui catholicus haberi vult respuenda sive damnanda, & ideo in hac redolemus non hunc miserabilem, sed Ecclesiasticam veritatem esse damnatam. *Lib. de trib. Epist.*

(*m*) Nicolaus Pontifex Romanus de Gratia & Libero-arbitrio de veritate geminæ Prædestinationis & sanguine Christi ut pro omnibus credentibus fusus sit fideliter confirmat & catholicè decernit.

(*n*) Ex quibus omnibus liquidò constat Gotescalchum non Prædestinatianæ hæreseos instauratorem multò minus fautorem, sed Augustinianæ catholicæque doctrinæ strenuissimum defensorem, pro justitiâ, pro veritate, pro gratiâ persecutionem passum & patiendo immortuum.

Trévoux, dans lequel on applaudit à un Auteur qui qualifie de *Sectaire* & de *Prédestinatien* un zélé défenseur de la doctrine de S. Augustin & de la doctrine catholique, *Augustiniana catholicaque doctrinæ strenuissimum defensorem ;* dans le même Journal, dis-je, on rapporte avec éloge une Lettre en faveur d'un Auteur Sémi-pélagien & ennemi déclaré de la doctrine de S. Augustin, c'est-à-dire, d'Arnobe le jeune. Pag. 368.

Je viens à présent au reproche que fait le Critique touchant le V. Concile. Il prétend qu'on en diminue l'autorité dans l'Art de vérifier les dates, parce qu'on dit pag. 286, que « S. Grégoire le Grand n'avoit pas la même vénération pour » le V Concile, où il ne s'étoit agi que des personnes, que pour les quatre » premiers qui avoient traité de la foi : il reçoit ceux-ci comme l'Evangile ; » mais il ne dit pas la même chose du cinquiéme ». Le Censeur prenant *le* *ton mâle & vigoureux,* que le Journaliste de Trévoux admire en lui, s'écrie : » Comment peut-on dire que le cinquiéme Concile n'ait agi que des person-» nes ? Les écrits de Théodore de Mopsueste, la Lettre d'Ibas & les ouvra-» ges de Théodoret contre les XII articles de S. Cyrille étoient-ils des per-» sonnes ? N'étoit-ce pas des points de doctrine ? Confondra-t-il éternellement » les personnes avec les écrits & les écrits avec les personnes ? » Il faut avoir bien de la patience pour transcrire ceci : car ce ne sont pas, M. les Auteurs de l'Art de vérifier les dates qu'on insulte par ce discours, ou plutôt par ces invectives ; c'est S. Grégoire le Grand lui-même, de qui ils ont emprunté les paroles qu'on attaque. Ayons cependant de l'indulgence pour celui qui outrage ce grand Pape, & soyons persuadés qu'il ne l'a insulté que par une ignorance de fait, & parce qu'il n'a jamais lû les ouvrages. Ecoutons donc Saint Grégoire : « Cependant (a), dit ce saint Docteur, par rapport au Concile te-» nu depuis à Constantinople, que plusieurs appellent le cinquiéme, je veux » que vous sçachiez qu'il n'a rien décidé ni pensé de contraire aux qua-» tre saints Conciles, d'autant qu'il ne s'est agi dans ce Concile que des per-» sonnes & non de la foi. » *Le vigoureux* Critique de l'art de vérifier les dates n'a qu'à demander à S. Grégoire le Grand comment il a pu dire que dans le cinquiéme Concile, il ne s'est agi que des personnes ? *Si les écrits de Théodore* *de Mopsueste, d'Ibas, de Théodoret sont des personnes ? Pourquoi il a confondu les* *écrits avec les personnes & les personnes avec les écrits ?* Voilà assurément une ignorance bien grossiere pour un Critique, que le Journaliste de Trévoux qualifie *d'homme de lettres.* Elle ne fait honneur, ni à l'un ni à l'autre. Tom. II. lib. IV. epist. ep. 30. ad Constant. p. 720. nov. édit

Après une bévue de cette nature, le Censeur prétend trouver une contradiction entre les paroles, que je viens de rapporter, & celles-ci qui se trouvent à la page 290. Il y est marqué que S. Grégoire écrivit une Lettre synodale aux quatre Patriarches, où il dit « qu'il reçoit & revere les quatre » Conciles généraux comme les quatre Evangiles ; & il ajoute qu'il porte » le même respect au cinquiéme. » Là-dessus le Critique triomphe, & il est si flatté de l'avantage qu'il s'imagine avoir sur celui qu'il attaque personnellement dans sa Lettre, qu'après plusieurs invectives il ajoute modestement : *En vérité il y auroit plaisir d'avoir quelque démêlé avec un pareil Adversaire.* Je crois, M. que vous pensez comme moi, que ce plaisir ne seroit pas aussi grand pour le Critique, qu'il semble le croire.

L'Ecriture nous dit : *Ne répondez pas au fou selon sa folie, de peur que vous ne* *lui deveniez semblable ;* & au verset suivant il est dit : *Répondez au fou selon sa* *folie, de peur qu'il ne s'imagine qu'il est sage.* Un esprit borné en lisant ces deux Sentences, & s'attachant à la lettre, croira qu'il y a de la contradiction. Elles paroissent contraires l'une à l'autre. Elles ne le sont pas néanmoins, si l'on Proverb. XXVI. 4. & 5.

(a) De illâ tamen synodo, quæ in Constantinopoli postmodum facta est quæ à multis quinta nominatur, scire vos volo quia nihil contra quatuor sanctissimas Synodos constituerit vel senserit, quippe quia in eâ de personis tantùmmodò, non autem de fide aliquid gestum est.

en confidere bien l'efprit & le fens. Par la premiere Sentence, Salomon nous apprend qu'il ne faut pas répondre au fou en l'imitant, c'eft-à-dire, en rendant injure pour injure : Par la feconde , il enfeigne qu'il eft quelque fois néceffaire de lui répondre en vue des intérêts de Dieu , en détruifant fes accufations fcandaleufes, foit pour le convaincre lui-même de l'injuftice de fes impoftures, foit pour empêcher qu'il ne nuife à d'autres.

Il en eft de même ici, M. les deux textes cités paroiffent d'abord contraires , mais ils ne le font pas, fi on en pénétre l'efprit & le fens. S. Grégoire le Grand portoit le même refpect au cinquiéme Concile, qu'aux quatre premiers, en confidérant ce Concile comme une Affemblée à laquelle le Saint-Efprit avoit préfidé, qui repréfentoit l'Eglife univerfelle. Mais il ne regardoit pas les décifions du V Concile dans lequel il s'étoit agi des perfonnes feulement, *tantummodo de perfonis*, comme celles des IV premiers Conciles, qui établiffoient des vérités effentielles & fondamentales de la Religion chrétienne. Un exemple fera fentir cette différence.

Y a-t-il quelqu'un dans le monde affez déraifonnable, pour foutenir que la décifion du V Concile touchant les écrits de Théodoret, exige de la part des fidéles la même vénération, que la décifon du Concile de Nicée, qui établit la confubftantialité du Verbe ? Y a-t-il quelqu'un qui ofât dire, qu'il eft auffi effentiel au falut, de croire que Théodoret a enfeigné des erreurs, comme l'a déclaré le V Concile, qu'il eft effentiel de croire que J. C. eft le Verbe éternel, confubftantiel au Pere, comme l'a décidé le Concile de Nicée ? C'eft ce qui fait dire à un habile Critique , qui s'eft expliqué fur ce fujet de la même maniere, que les Auteures des dates , que quoique le V Concile ait une grande autorité, elle n'eft cependant pas égale a celle des IV premiers (p). La conduite de S. Grégoire à l'égard de Théodelinde Reine des Lombards, au fujet du V Concile, eft encore l'interprète des fentimens de ce Saint Pape. Mais il eft inutile que je m'étende davantage fur une matiere fi claire : ce que j'ai eu l'honneur de de vous dire, M. fuffit pour faire voir, qu'il n'y a nulle contradiction dans ce que difent les Auteurs de l'Art de vérifier les dates, du refpect qu'avoit S. Grégoire le Grand pour le V Concile, & que c'eft une injuftice de les accufer de diminuer l'autorité de ce Concile. Enfin, fi c'eft diminuer fon autorité, que de dire, qu'*il ne s'y eft agi que des perfonnes*, c'eft à S. Grégoire lui-même qu'il faut s'en prendre, puifqu'on n'a fait que rapporter fes propres paroles.

Venons, M. au Concile de Florence qui donne occafion au Cenfeur de faire de nouveaux reproches aux Auteurs de l'Art de vérifier les dates. « Celui de
Pag. 16.
» Florence, dit-il, a bien de la peine de fe fauver de fes mains, (de l'Auteur
» des dates,) il commence à le tronquer , & à en retrancher une bonne partie,
» en difant pag. 336, que *quelques-uns ne le regardent plus comme général depuis*
» *le départ des Grecs.* Enfuite il place en cet endroit cette étoile fatale deftinée
» à les ranger au nombre *des Conciles non reçus.* Mais qui lui a dit que le
» Concile de Florence dans fes dernieres Seffions eft rejetté ? Qui lui a dit
» que le Décret *ad Armenos* n'eft d'aucune valeur ? Quelle preuve en a-t-il ?
» Quelle preuve en donne-t-il ? »

Il eft étonnant , M. que l'Anonyme , grand *homme de lettres*, au jugement du Journalifte , faffe des queftions , qui la plûpart marquent qu'il ignore les chofes les plus communes. Il femble que du moins il auroit dû fe mettre un peu au fait des matieres renfermées dans les fept ou huit articles, auxquels il a borné fa foible critique. Le tems ne lui à affurément pas manqué. Huit mois fe font écoulés depuis l'édition de l'Ouvrage qu'il atta-

(p) *Non quintum , fed fola quatuor prima Concilia , tanquam Dei Evangelia veneratur idem Gregorius. Quare licèt hujus Concilii fumma* fit autoritas, PAREM TAMEN CUM ALIIS QUATUOR AUTORITATEM NON HABET. *Pagi ad an.* 553. *num. XXIV.*

que, jufqu'au jour qu'il a fait paroître fa courte Lettre qui ne remplit pas en-
tiérement une feuille de papier, fans parler des Mémoires, qui lui ont été four-
nis. Mais ce qui doit paroître encore plus étonnant, c'eft qu'il attribue à fon
Adverfaire ce qu'il n'a point dit. On *ne voit nulle part* dans l'article du Concile de Florence qu'il *eft rejetté dans fes dernieres Seffions :* on ne voit nulle
part que le *Decret ad Armenos, n'a aucune valeur.* Il a cru fans doute pouvoir
tirer cette conféquence, de ce que ce Concile eft marqué d'une étoile après
le départ des Grecs. Mais fa conféquence eft fauffe, puifque l'étoile marque
feulement, que le Concile de Florence n'eft point un Concile général depuis
cette époque, & qu'il n'eft plus regardé comme tel ; mais elle ne fignifie point
qu'il eft rejetté, & qu'il n'a aucune valeur. Car autre chofe eft de dire qu'un
Concile n'eft pas reçu comme général & qu'il ne fait pas loi dans l'Eglife ;
autre chofe eft de dire qu'il *eft rejetté & qu'il n'a aucune valeur.* Telle eft la
bonne foi du Cenfeur de l'Art de vérifier les dates.

Mais eft-ce donc *tronquer* le Concile de Florence, que de dire, que *quel-*
ques-uns ne le regardent plus comme général depuis le départ des Grecs ? Le Critique le penfe ainfi, & par-là il montre qu'il n'a pas les premieres notions
de ce que c'eft qu'un Concile général. Bellarmin, qui ne doit pas lui être
fufpect, convient qu'il eft néceffaire pour qu'un Concile foit général, que
tous les Patriarches, s'ils font Catholiques, y affiftent, ou en perfonne, ou
par des Députés qui les repréfentent. Cela fuppofé, peut-on regarder comme un Concile général celui de Florence après que les Grecs furent partis pour
retourner en leur pays, puifqu'il n'y avoit plus de Patriarches, ni de Députés de l'Eglife Grecque ? Auffi le P. Alexandre que le Cenfeur auroit pû &
dû confulter, voulant prouver que le Décret *ad Armenos* n'appartient point
au Concile général, (*q*) n'en donne point d'autre raifon finon que ce Décret
fut fait quatre mois après le départ des Grecs, & il ajoute : (*r*) qu'alors les
» Evêques qui reftoient à Florence avec le Pape Eugene, ne formoient pas
» une Affemblée qui repréfentât l'Eglife Univerfelle : car, dit-il, une partie
» de l'Eglife, fçavoir celle d'Orient, étoit abfente. » Le P. Alexandre en parlant de la forte doit paroître bien plus coupable aux yeux du Critique, d'a-
voir *tronqué & retranché une bonne partie du Concile de Florence,* que les Auteurs
de l'Art de vérifier les dates, qui ont dit feulement, que *quelques-uns ne le re-*
gardent plus comme général depuis le départ des Grecs. C'eft un fait que l'Auteur
de la Lettre devroit fçavoir. S'il étoit *homme de lettres,* ou du moins François, il ne pourroit ignorer, que c'eft le fentiment unanime de la Faculté de
Théologie de Paris, dont les Profeffeurs & les Docteurs enfeignent, felon le
témoignage du P. Alexandre, (*f*) que l'Inftruction aux Arméniens n'appartient pas au Concile général de Florence ; & ils l'appellent fimplement le Décret d'Eugene. Cela montre affez clairement que les Théologiens françois ne
regardent point le Concile de Florence comme général depuis le départ des
Grecs. Il eft vrai que le Concile fubfifta encore après que le Grecs furent
partis, mais s'il conferva le nom de Concile de Florence, il n'eut plus la
même autorité, n'étant plus œcuménique : *Idem nomine, fed non idem autoritate.*
(*t*) Tout le monde fçait ce que le Cardinal de Lorraine écrivit autrefois fur ce

Bellarmin
lib. 1 de
Conc. &
Ecclef. c. 18.

(*q*) Decretum de Armenorum inftitutione non eft œcurnenicæ Synodi. *Hift. Sæcul. XV. &*
XVI. Differt. X. de Synod. Florent. art. 3. pag. 5.7. edit. in-fol.

(*r*) Tum vero qui cum Eugenio fupererant Florentiæ Epifcopi Synodum œcumenicam
non conftituebant quæ univerfalem Ecclefiam repræfentaret ; aberat fi quidem Ecclefiæ pars
altera, nempe Orientalis. *Alex. ibid.*

(*f*) Tandem doctiffimi Sacræ Facultatis Parifienfis Magiftri & Profeffores, hoc de Arme-
nis Decretum ad Florentinam Synodum Œcumenicam pertinere negant, & Eugenii Decretum fimpliciter appellant. *ibid.*

(*t*) Poft Græcorum difceffum idem nomine fed non idem autoritate, cùm Œcumenicum
non fuerit.

ſujet , dans un Mémoire adreſſé à Le Breton ſon Agent à Rome : « Je ne puis
» nier, que je ſuis François, nourri en l'Univerſité de Paris en laquelle on
» tient l'autorité du Concile par-deſſus le Pape, & ſont cenſurés comme hé-
» rétiques ceux qui tiennent le contraire ; qu'en France on tient le Concile
» de Conſtance pour général en toutes ſes parties, que l'on ſuit celui de Baſle,
» ET TIENT-ON CELUI DE FLORENCE POUR NON GENERAL ET NON LEGITIME ; &
» pour ce on fera plutôt mourir tous les François que d'aller au contra re.
C'eſt ainſi que parloit le Cardinal de Lorraine. La Pourpre Romaine ſera-
t-elle capable de mettre ce Cardinal à couvert des reproches du Cenſeur ?

Hiſt. du
Concile de
Trente.

Juſqu'ici, M. vous avez vu que le Critique n'a pû attaquer aucun des articles de
l'Art de vérifier les dates ſans bleſſer la vérité & l'équité naturelle : mais j'en ai
réſervé un pour la fin , où il ſemble qu'il a quelque raiſon, quoique tous les
gens ſenſés le regardent comme une pure chicanne. Vous ſçavez que c'eſt un
uſage aſſez ordinaire de citer ſous le nom d'un Ecrivain, qui a donné naiſſance
à quelqu'ouvrage , ce qu'on y a ajouté dans la ſuite C'eſt ainſi qu'on cite tous
les jours ſous le nom de Moreri , de Bollandus , &c. ce qui a été ajouté aux
Ouvrages de ces deux Auteurs. Ceux qui ont travaillé à l'Art de vérifier les
dates auroient pû croire, en ſuivant cet uſage , être autoriſés à citer ſous le
nom du P. Petau ces mots latins : *Stupor inceſſit tot ab uno confeſta fuiſſe volumtna* ,
qui ſe trouvent dans un Ouvrage imprimé ſous ſon nom , quoiqu'ils ſoient de
ſon continuateur. La-deſſus l'Auteur de la Lettre fait beaucoup de bruit &
emploie près de trois pages en déclamations & en invectives, non-ſeulement
contre ſon Adverſaire ordinaire ; mais encore contre le Continuateur du Pere
Petau qu'il prétend être également *mépriſable & mépriſé* , & enfin contre celui qui a donné occaſion de citer ces paroles. L'Anonyme rapporte lui-même
le texte ſuivant : *Eamdem ætatem illuſtravit Joannes Morinus . . . . & Joannes Ver-*
gerius Abbas S. Sigirani , qui piiſſimi & doctiſſimi famam habuit. Huic Apoſtolorum
mentem ineſſe exiſtimarunt ipſius familiares : admirationi fuerunt numero propè in-
finita quæ moriens manuſcripta reliquit , & ſtupor inceſſit tot ab uno confeſta fuiſſe
volumina. « Tel eſt l'encens que le Continuateur du *Rationarium* prodigue à la
» mémoire de S. Cyran , dit l'Auteur de la Lettre , après avoir rapporté ces
paroles ; & il y en ajoute d'autres de ſon propre fonds , que je ſupprime pour
ſon honneur , & dans la crainte de fouiller ma plume & de vous ſcandaliſer ,
comme l'ont été tous les gens de biens en liſant ſur-tout cet article de ſa Lettre. Quant aux raiſonnemens que l'Anonyme & ſon Approbateur font à
l'occaſion des paroles citées ſous le nom du P. Petau , ils tombent d'eux-mêmes pour peu qu'on ait d'équité : car ſi l'on y fait attention on voit qu'elles
ſont employées ſeulement comme une *expreſſion* propre à donner une idée des
grands hommes qni ont vécu ſous le glorieux Regne de Louis XIV. C'eſt
pourquoi on dit en les citant : *Selon l'expreſſion* , &c. D'ailleurs , ſi l'Auteur
de la Lettre & le Journaliſte de Trévoux trouvent ſi mauvais qu'on ait at-
tribué au P. Petau les paroles de ſon Continuateur, il ſera très-aiſé de les
ſatisfaire en les rendant à celui à qui elles appartiennent ; & je ſuis perſua-
dé que les Auteurs de l'Art de vérifier les dates n'en feroient aucune difficulté.

Il eſt dit dans l'endroit où ſont cités les mots latins , dont je vous ai parlé ,
que la France vit ſous le glorieux Regne de Louis XIV , *des Théologiens dont*
les ſublimes lumieres , la profonde érudition , & le nombre prodigieux d'Ecrits cauſent
une eſpece de ſurpriſe. Cela donne occaſion à l'Auteur de la Lettre de faire encore un autre reproche en ces termes : « Il n'eſt pas néceſſaire , dit-il page
» 18, de vous faire remarquer cette tendre affection pour les Port-Royaliſtes.

Sur cela , M. je n'ai rien à vous dire , ſinon que ce reproche, ſi le Cenſeur à prétendu en faire un, eſt bien glorieux & bien flatteur. Heureux ceux
qui le méritent , & qui ont non-ſeulement une tendre affection, mais encore
une profonde vénération, pour ces grands hommes , que Dieu a viſiblement
ſuſcités

fufcités & remplis de fon efprit, pour combattre les héréfies de Luther & de
Calvin, & confondre les corrupteurs de la Morale chrétienne! Ils ont bril-
lé pendant leur vie comme des aftres par la lumiere de leur foi & l'éclat de
leur vertu : ils ont été l'ornement de la Religion par la pureté de leur vie ;
la confolation & l'appui de l'Eglife, par les victoires qu'ils ont remportées
fur fes ennemis du dedans & du dehors ; enfin ils ont été la gloire de la
France fous le Regne d'un de fes plus grands Rois, par leur profonde érudition & le nombre prodigieux de leurs admirables Ecrits, qui ont été &
feront toujours une fource de falut pour une infinité de perfonnes. Heureux
donc, je le répete, ceux à qui on ne peut faire d'autre reproche que celui
de leur tendre affection pour ces grands hommes ! *Puiſſai-je mourir de la mort
de ces juſtes, & avoir une fin qui reſſemble à la leur.* (n)

Je ne puis finir, M. fans faire ici quelques réflexions fur le perfonnage fin-
gulier que fait le Journalifte de Trévoux. Cet Auteur après avoir gardé près
d'un an le filence fur le livre de l'Art de vérifier les dates, annonce une lettre, qu'il dit être *très-forte & très-critique* fur cet ouvrage. Il parle de cette
lettre en des termes, qui ne juftifient que trop les conjectures que l'on fit
au moment qu'elle parut. Des perfonnes fenfées penferent dès-lors, que cette
piéce feroit adoptée par le Journalifte de Trévoux. Quelques-uns même a-
voient prévû auparavant, qu'il s'y prendroit de cette façon, pour décrier un
Ouvrage dont le Public & les Sçavans faifoient l'éloge, (il avoit cependant
un moyen plus court d'y réuffir, c'étoit d'en dire beaucoup de bien.) Mais
laiffons-là le myftere de cette conduite, & raifonnons fur les faits & fur les
paroles.

Le Journalifte, à l'entendre *anroit voulu faire beaucoup d'accueil à l'Art de
vérifier les dates,* il en dit néanmoins beaucoup de mal. Il témoigne être
*fincerement fâché que les Auteurs, dont la profeſſion eſt ſi eſtimable, aient donné
lieu à tant de reproches ;* & ces reproches ne font que des accufations injuftes,
qu'il n'eft nullement fâché d'adopter. Il témoignoit dans fon Journal du mois
de Septembre, qu'il *voudroit n'être jamais obligé de prendre le ton fort & polemique vis-à-vis de perfonne ;* & aujourd'hui il prend de gaieté de cœur ce ton
vis-à-vis des Auteurs de l'Art de vérifier les dates, qu'il accufe fans fondement *de la fabrication fenfible & palpable d'un texte.* Voilà un Ecrivain bien extraordinaire. Il a fujet de gémir de fon état, & de dire : *infelix ego fcriptor,*
malheureux écrivain que je fuis ! je ne dis pas le bien que je voudrois &
devrois dire ; je dis beaucoup de mal d'un Ouvrage auquel je voudrois faire
beaucoup d'accueil : j'accufe d'un *crime* & *d'une efpece de fa rilege* des Ecrivains
dont la profeffion eft eftimable, qui font innocens de cette efpece de facri-
lege ; & je prends contre eux le ton que je voudrois n'être jamais obligé de
prendre vis-à-vis de perfonne. Conciliez, M. fi vous le pouvez, ces contra-
dictions, elles font affurément plus grandes que celles qu'il a prétendu trouver dans l'Ouvrage fur les dates.

Ce n'eft pas tout : le même Ecrivain fe félicitoit il y a quelques années de ce
que nous n'étions plus dans le fiecle des Saumaifes, des Scaligers, des Sciop-
pius, &c. & il applaudiffoit à la politeffe, avec laquelle les Savans com-
battent les fentimens les uns des autres, fans fe maltraiter de paroles & fans
fe heurter ; & aujourd'hui il adopte une Lettre anonyme, qui n'eft qu'un tiffu
d'injures, d'*invectives*, de *perfonnalités*, d'accufations atroces de *fecte*, de *fectaire*,
de *novateur*, d'*hérétique*, d'*infigne fauſſeté*, d'*infigne fupercherie*, de *vraie friponnerie*,
&c. Le ftile de cette Lettre lui paroît *mâle & vigoureux*, (peut-être plein d'on-
ction) & il déclare que fa *fonction* fe réduit à *fçavoir gré à l'Auteur de fon zele.*
Comparez, M. cet éloge, avec ce que difoit le même Auteur dans fon Jour--   1. Vol. des

(n) Moriatur anima mea morte juftorum, & fiant noviſſima mea horum fimilia. *Num.*
XXIII. 30.

(18)

nal précédent, sur les disputes de controverse entre le P. Seerdorff son confrere
& M. Pfaff, Chancelier de Tubinge, « Notre siécle, disoit-il, est monté sur un
» ton de politesse & de modération, qui pourroit rendre utiles les disputes
» Dogmatiques. Il seroit moins à craindre qu'il ne le fut autrefois, que les
» *invectives*, les *personnalités*, les railleries insultantes n'ulcérassent les cœurs,
» avant que la lumiere put se communiquer. On sçait distinguer aujourd'hui
» les hommes de leurs opinions, & l'on a le talent de faire goûter des rai-
» sons en les présentant d'un AIR AIMABLE. Quels avantages ne remporteroit
» pas le Catholique, si le vrai dont il est en possession étoit toujours revêtu
» des dehors, que la *science des égards*, & *que les regles de la charité prescrivent*.
Dans le même Journal; après avoir rapporté ce qui fut dit sur un point de
controverse entre les Grecs & les Latins du tems d'Eugene IV. il ajoute:

» Il seroit à souhaiter que tous les démélés des Protestants avec les Catholiques
» pussent se terminer aussi tranquillement, & en particulier nous voudrions
» que la querelle du P. Seerdorff & du Chancelier de Tubinge se traitât *d'un*
» *ton aussi pacifique*. » Le même Journaliste parlant d'une Lettre sur l'expo-
sition des Sculptures & Gravures au Louvre, dit: « Cette lettre bien écrite,
» & d'un homme d'esprit, est quelque fois *trop critique* en quelques endroits,
» *nous tâcherons par-tout de le ramener au point de modération convenable.*

Comment un Ecrivain qui parloit ainsi dans le premier volume de Novembre, a-t-il pu dans le second volume du même mois tenir un langage si op-
posé? On pourroit lui faire le reproche que S. Paul fait aux Juifs: Vous qui
instruisez les autres, vous ne vous instruisez pas vous-mêmes: *Qui alium doces,*
teipsum non doces. Vous qui louez la *modération*, qui y ramenez les Ecrits *trop*
critiques, comment avez vous pû écrire avec tant de fiel & tant d'aigreur? *Une*
fontaine jette-t-elle par une même ouverture de l'eau douce & de l'eau amere? (x)
Comment avez-vous pu faire l'éloge de la Lettre anonyme sur l'Art de vérifier
les dates & enchérir encore sur les *invectives*, *les personnalités*, & les injustes
accusations dont elle est remplie, en accusant vous-même d'*une espece de sacri-*
lege des Auteurs innocens de *ce crime?* Ces Auteurs, à l'Ouvrage desquels vous
auriez voulu *faire beaucoup d'accueil*, & dont vous reconnoissez que *la profession*
est si estimable, sont-ils indignes d'être traités de la maniere que la *science des*
égards, & *les regles de la charité le prescrivent* à l'égard des autres hommes? *La*
science des égards, *les regles de la charité*, *la politesse*, *la modération*, *le ton pacifi-*
que, *l'air aimable*, tout cela doit-il être banni dans la querelle que vous faites
à des Auteurs qui ne vous ont point attaqué. Quand il s'agit d'une Lettre
sur *des Sculptures & des Gravures* exposées au Louvre, vous la trouvez TROP
CRITIQUE, & vous tâchez de *la ramener au point de modération convenable*. S'il
s'agit d'un Libelle diffamatoire contre des Prêtres & des Religieux, vous en-
chérissez encore sur les invectives & les calomnies dont il est rempli, vous
jugez le *stile* de l'Auteur *mâle & vigoureux*; vous applaudissez à *son zele*. Est-ce,
ad majorem Dei gloriam? Les Bénédictins sont-ils les seuls qui ne méritent de vo-
tre part aucun des égards, ni des ménagemens, avec lesquels vous souhaite-
riez que les querelles se traitassent même entre les Catholiques & les Protes-
tans? C'est aux Bénédictins à faire sur cette distinction honorable leurs re-
mercimens au Journaliste. Pour moi, il me reste encore avant que de finir,
quelque chose à vous dire sur un avis qu'il leur donne. Vous sçavez qu'il sçait
prendre toute sorte de tons, le ton *fort & polemique*, le ton *terrible*, le ton *pa-*
cifique, celui de *médiateur*, celui de *critique*, & plus ordinairement celui
d'un Régent, qui décide gravement dans sa classe du mérite des composi-
tions. A la fin de sa déclamation il prend le ton de Conseiller, & donne des
avis sur les endroits qu'il prétend avoir *allarmé le Public*.

(x) Nunquid fons de eodem foramine, emanat dulcem & amaram aquam? *Jac. III. 11.*

Le Journaliſte de Trévoux paroît bien peu au fait de ce qui ſe paſſe dans la République des Lettres , pour un Ecrivain chargé de compoſer des *Mémoires pour ſervir à l'hiſtoire des Sciences & des beaux Arts ;* car bien-loin que le Public ait été allarmé , il a *fait beaucoup d'accueil* à l'Art de vérifier les dates. Mais quels ſont donc ces endroits , qui ont allarmé le Public ? Les Bénédictins , Auteurs de cet Ouvrage , ont-ils corrompû quelques textes ſacrés ? Sont-ils tombés dans quelques écarts ſcandaleux , tels qu'on en voit dans des Ecrits , qui ont mérité de grands éloges de la part du Journaliſte? Ont-ils changé les Oracles du S. Eſprit en ſtile de Roman? Ont-ils donné pour *l'eſprit de J. C.* les illuſions de l'eſprit humain? Ont-ils avancé des maximes qui ont ſcandaliſé les fideles , & obligé les premiers Paſteurs à les combattre par des Ecrits , des Inſtructions , des Mandemens , dont le ſtile eſt vraicment *mâle & vigoureux , fort & terrible* ? Le Journaliſte de Trévoux a-t-il eu connoiſſance de ces Ecrits? S'il l'a eue , pourquoi n'en a-t-il pas fait mention dans ſes Mémoires? Sa fon-ction ne s'étend elle pas juſques-là? Se borne-t-elle à *ſçavoir gré à l'Auteur* d'une Lettre pleine de reproches injuſtes & de calomnies, de ſon *zele* amer ; & ne lui permet elle pas de faire mention dans ſes *Mémoires* de ce qu'un vrai *zele* de Religion à fait faire à pluſieurs grands Prélats du Royaume? Mais revenons aux endroits qui ont pû allarmer le Public , dans l'Art de vérifier les dates. Quels ſont-ils? Eſt-ce parce que les Auteurs ont dit ſur l'autorité de l'Egliſe de Lyon , que *Gotteſcalch étoit très-verſé dans les Ecrits de S. Auguſtin?* Eſt-ce parce qu'ils ont dit ſur celle d'Euſebe & des plus habiles Hiſtoriens, que Victor ex-communia les Aſiatiques ? Eſt-ce parce qu'ils ont dit que Libere ſigna une formule Arienne comme l'allure S. Hilaire ? Eſt-ce parce qu'ils ont appellé *formulaire Arien* une formule faite dans un Concile que S. Ambroiſe avoit en-horreur , & qui fut cauſe que l'Univers gémit de ſe voir Arien? Eſt-ce parce qu'ils ont cité quelques mots d'Euſebe de la traduction de Rufin , au lieu de citer celle de M. de Valois , ou celle de Chriſtophorſon? Eſt-ce parce qu'ils ont avancé après S. Grégoire le Grand , qu'*il ne s'eſt agi que des perſonnes dans le V Concile?* Eſt-ce parce qu'ils ont appellé , avec S. Matthieu , S. Pierre le *premier* des Apôtres ? Eſt-ce parce qu'ils ont rapporté un des plus glórieux événemens du Regne de Louis le Grand , dont on a conſervé la mémoire par une médaille frappée au ſujet de la paix rendue à l'Egliſe par le concours des deux Puiſſan-ces ? Eſt-ce enfin parce qu'ils ont cité ſous le nom du P. Petau , quelques mots latins qui ſont de ſon Continuateur ? Car ce ſont-là tous les griefs de l'Auteur de la Lettre , & du Journaliſte contre *l'Art de vérifier les dates.* (Je ne parle pas de certaines queſtions à l'Hérodienne , qui dénotent dans l'Anonyme un député des Phariſiens , lequel cherche à ſurprendre , & voudroit à quel-que prix que ce fut rendre coupables des Auteurs qui ſont innocens) Or qu'y a-t-il , M. dans tous les griefs & tous les reproches de l'Anonyme & du Jour-naliſte qui ſoit capable d'*allarmer le Public*? En vérité le Journaliſte à écrit ceci ſans penſer à ce qu'il écrivoit. Ou s'il y a penſé , il faut que la République des Lettres ſoit un pays bien étranger pour lui. Jugez encore par-là du goût & du diſcernement de cet Ecrivain en fait de Livres , & du fond qu'on doit faire du jugement qu'il en porte. Au ſurplus perſonne n'en eſt la dupe. On ſçait , ſur-tout à Paris , à quoi s'en tenir , & l'Auteur des Mémoires de Tré-voux ne l'ignore pas. Malgré les efforts qu'il a faits depuis qu'il eſt à la tête de cet Ouvrage , pour le tirer du diſcrédit dans lequel il étoit lorſqu'il s'en eſt chargé , il voit avec douleur que le ſuccès ne répond pas à ſes peines. Je crois , M. que l'accueil qu'il a fait au Libelle dont j'ai eu l'honneur de vous parler & la bévue inſigne dans laquelle il eſt tombé au ſujet de la pré-tenduë fabrication d'un texte , & la maniere indigne dont il a traité des membres d'un Corps reſpectable & diſtingué dans l'Egliſe & dans la Répu-blique des Lettres ; je crois , dis-je , que tout cela n'accréditera pas ſes Mé-moires.

Ayons encore la patience d'entendre le Journaliste propofer gravement les conditions qu'il exige pour confeiller la lecture de l'Art de vérifier les dates : » *Que leur Livre*, dit-il, *foit fain, favant, fimple, éloigné de tout intérêt de parti, & » nous en confeillerons la lecture à tout le monde.* » *Rifum teneatis* ? Il faut qu'un Livre foit *fain*, &c. pour que l'Auteur des Mémoires de Trévoux en confeille la lecture ! Ce feroit affurément, M. une chofe curieufe, que la lifte des *Livres fains, ffavans, fimples, exempts de l'efprit de parti,* dont il fait l'éloge dans fes Mémoires. Une autre lifte non moins curieufe, ni moins importante, feroit celle des Livres véritablement fains, favans & excellens, fur lefquels l'Auteur de ces Mémoires garde un filence affcté, ou contre lefquels il déclame, lorfqu'il juge à propos d'en parler. Je laiffe le foin de faire ces liftes à quelqu'un qui aura affez de patience pour lire ces Mémoires. Pour moi, il ne me refte plus qu'à vous affurer que j'ai l'honneur d'être.

18 *Novembre*, 1750

II. LETTRE DE M***

A UN AMI DE PROVINCE.

Sur *une Critique qui est venue en pensée* au Journaliste
de Trévoux.

MONSIEUR,

QUELQUE longue que soit la lettre, que j'ai eu l'honneur de vous écrire l'ordinaire précédent, je reprends la plume aujourd'hui : je vous ai fait remarquer dans cette lettre, de quelle maniere le Journaliste de Trévoux, en marchant sur les traces d'un Critique aveugle , avoit mis ses pieds dans les rêts ; je
vous parlerai dans celle-ci des vains efforts qu'il fait pour s'en tirer.

Les cris , les railleries & même l'indignation du Public lui ont fait ouvrir
les yeux, & reconnoître sa méprise. Il a donc été forcé de revenir sur ses pas,
& de faire dans son premier volume du mois de Décembre un *espece* de satisfaction , au sujet de l'accusation calomnieuse qu'il avoit publiée contre les
Auteurs des dates, en leur imputant, contre toute vérité, *un crime*, qu'il ap-
pelloit lui-même *une espece de sacrilege.* Cette satisfaction ou rétractation (car
je ne sçai quel nom lui donner, tant elle est singuliere & extraordinaire) se
trouve placée page 2833, après ce titre : *Pour la langue Syriaque. M. Jault expli-*
quera les Actes des Apôtres. Puis on lit : « Nous voulons placer ici une critique ,   *Pag.2833.*
» qui nous est venue en pensée depuis que nous avons donné notre premier *1 vol. du*
» volume de Novembre, » c'est-à-dire, que les cris & l'indignation du Pu- *mois de Dé-*
blic lui ont fait venir *en pensée.* Admirez, M. ce modeste début & ce tour in- *cembre.*
génieux d'un Ecrivain, qui convaincu d'avoir avancé une fausseté, au lieu d'a-
vouer sa faute, s'érige en Critique. Avouez, M. qu'il n'y a qu'un Journaliste
de Trévoux dans le monde. Quel est l'homme, à qui il fut *venu en pensée* en
pareil cas, de se tirer d'affaire en donnant au Public une *critique* , pour une
rétractation. « Nous y rapportions, continue le Journaliste,trois ou quatre traits
» (qui font les trois quarts) d'une *lettre* ou brochure sur *l'Art de vérifier les dates;*
» & parmi ces traits nous citions le reproche que fait l'Anonyme aux Au-
» teurs des dates, sur un prétendu passage d'Eusebe parlant de S. Irénée &
» du Pape Victor *arguit*, &c. Le reproche comprend deux choses , 1°. le peu
» de conformité qui se trouve entre ces mots latins *arguit* &c. & le texte
» d'Eusebe, soit dans le grec, soit dans la bonne traduction de M. de Va-
» lois: 2°. la *fabrication* ou supposition de ces mêmes mots latins *arguit*, &c.
» que la Lettre anonyme met sur le compte des Auteurs des dates. »

Le Journaliste n'a-t-il pas mis lui-même cette *fabrication* sur leur compte ?
N'a-t-il pas encore enchéri sur l'Auteur de la Lettre, en qualifiant la prétendue fabrication de *crime* & d'*une espece de sacrilege?*)

Or voici la critique qui *lui eſt venue en penſée* : « ſur le premier point l'ob-
» ſervation de l'Anonyme eſt fondée, car le ſens d'Euſebe n'eſt point conſervé
» dans ce paſſage *arguit*, &c. mais ſur le ſecond, il faut conſidérer que ce
» paſſage mis en notes dans l'Art de vérifier les dates, n'a pas été fabriqué
» par les Auteurs du Livre, puiſqu'il ſe trouve dans l'ancienne verſion de
» Rufin, verſion très-infidéle il eſt vrai, & tres-critiquée par MM. de Valois
» & Fabricius, cependant verſion, qui doit ſuffire pour décharger les Au-
» teurs des dates du reproche de fabrication.

Quel effort ! Quelle grace ! de vouloir bien *décharger les Auteurs des dates du reproche de fabrication* ! Né croyez pourtant pas, M. qu'ils ſoient entierement déchargés. Le coupable prend ici modeſtement le ton de Juge, & prononce que les Auteurs des dates *doivent paroître coupables pour n'avoir ſuivi ni le grec, ni la verſion de M. de Valois, ni celle de Chriſtopherſen.*

Nouvelle injuſtice de la part du Journaliſte ; qui n'étant au fait, ni du ſentiment d'Euſebe, ni de la matiere dont il parle, accuſe mal à propos les Auteurs des dates de n'avoir point *ſuivi le grec.* Vous avez vû dans ma premiere Lettre, qu'il n'ont rien dit dans l'article de Victor pag. 358 de leur Ouvrage, qui ne ſoit entierement conforme à ce qu'on lit dans Euſebe ; ſi ce n'eſt qu'ils ont même beaucoup adouci les termes de cet Hiſtorien, & qu'au lieu de dire comme lui, que les Evêques *reprirent très-durement* Victor, ils ſe ſont contentés de dire, qu'ils lui *repreſenterent* & lui firent de *ſages remontrances.*

Pour ce qui eſt de la traduction de Rufin citée en note, qui ſemble ne pas rendre littéralement ces mots grecs προσηκοντως παρηνει, par ceux-ci, *arguit*, &c. 1°. Les Auteurs ont ſuivi le grec en diſant que les Evêques firent de *ſages remontrances*, & qu'ils *repréſenterent*, &c. au lieu de dire qu'ils *reprirent* Victor. 2°. Quoique la traduction de Rufin ne paroiſſe pas bien exacte, il eſt vrai cependant qu'elle n'eſt pas auſſi infidéle & ne s'éloigne pas autant qu'on veut le faire croire, du ſens d'Euſebe ; il eſt aiſé de s'en convaincre, ſi l'on fait attention à ce qui précede. L'Hiſtorien grec dit, que les Evêques écrivirent des lettres, dans leſquelles ils reprenoient très-vivement le Pape Victor : πληκτικωτερον καθαπτομένων, *acerbius perſtringebant Victorem :* Or S. Irénée étoit du nombre de ces Evêques qui écrivirent au Pape Victor, & qui le reprirent avec beaucoup de fermeté : par conſéquent Rufin ne s'eſt pas écarté du ſens d'Euſebe quoique ſa traduction ne paroiſſe pas littérale.

Enfin le terme προσηκοντως a une ſignification plus étendue, que l'Auteur de la Lettre & ſon panégyriſte ne le penſent, ainſi que le latin, *convenienter, ut par eſt*, qui marque qu'on fait une choſe comme il convient. Or il convient d'agir quelquefois avec douceur & modération, d'autrefois avec fermeté & avec force : & c'eſt toujours agir προσηκοντως.

Vous voyez, M. parce que j'ai honneur de vous dire, que c'eſt ici une pure chicane, indigne d'un homme de lettres ; & d'autant plus indigne, que comme je l'ai déja remarqué, les Auteurs des dates n'ont pas fait beaucoup d'uſage de la verſion de Rufin, quoiqu'ils l'ayent citée ; je ne vois pas même pourquoi ils l'ont fait, ſinon que la Providence l'a peut-être permis dans la vue d'humilier leurs injuſtes critiques.

Le Journaliſte, après avoir prononcé la ſentence, par laquelle il abſout & condamne, continue ainſi : « Et ceci nous avons voulu le dire, POUR SUP-
» PLE'ER A CE QUI manque à notre nouvelle littéraire du deuxiéme volume de
» Novembre. » POUR SUPPLE'ER ? Quel ſupplément ? Que dites-vous, M. de cette ingénieuſe façon de tourner les choſes ? Tout autre diroit ; pour *rétracter*, ou pour *déſavouer*, ou pour *retrancher* ce qui eſt de trop : le Journaliſte au contraire dit, que c'eſt *pour* SUPPLE'ER A CE QUI MANQUE à ſa *nouvelle littéraire.* Il ajoute : « pour faire connoître la faute contenue dans la Lettre anonyme,
» dont nous parlions. » Si c'eſt une faute dans l'Anonyme d'avoir accuſé fauſ-
ſement les Auteurs des dates de la fabrication d'un paſſage, le Journaliſte qui

a applaudi à cette accusation , & qui l'a publiée avec tant de complaisance, est-il innocent ? Ignore-t-il ce que dit S. Bernard : « que la langue médisante » détruit entierement & éteint la charité , non-seulement dans ceux qui sont » présens , mais encore dans tous les absens, qui sont infectés de cette conta- » gion par le canal de ceux qui étoient présens ? » (y) Le Journaliste n'a pas inventé cette accusation ; mais il l'a adoptée , il l'a qualifiée lui-même de *crime & d'espece de sacrilege*. Plus l'accusation lui paroissoit grave, plus il étoit nécessaire qu'il s'assurât quelle étoit fondée sur des preuves sensibles & palpables , avant que de la publier dans ses Mémoires. La religion, l'équité naturelle , les loix d'une bonne critique, l'exigeoient. Il semble qu'il n'auroit pas dû se dispenser d'un devoir si essentiel à l'égard d'un Ouvrage, auquel il dit qu'il *auroit voulu faire beaucoup d'accueil*. Qu'on juge de la sincérité des paroles par les faits.

Mais cet Ecrivain croit-il que c'est assez pour lui , après avoir accusé les Auteurs des dates d'une *espece de sacrilege* , de faire part au public d'une *critique qui lui est venue en pensée ?* Est-ce assez de faire remarquer purement & simplement la faute contenue dans la lettre de l'Anonyme , sans parler de celle du Journaliste ? Que dis-je celle du Journaliste ? Elle est étrangere pour lui , & s'il a bien voulu faire remarquer *la faute de l'Anonyme* , c'est seulement par rapport à lui , *pour suppléer à ce qui manque à sa nouvelle litteraire du deuxiéme volume de Nov.* Peut-être dira-t-on qu'en faisant une rétractation pour l'Anonyme il l'a faite aussi pour lui-même , à la bonne heure; mais il auroit pû & dû la faire de meilleure grace. Le Sage nous dit que le juste est le premier à s'accuser : *justus prior est accusator sui.* Il est vrai qu'il doit être pénible pour un Ecrivain, qui parle ordinairement *ex cathedra* & avec le ton de maître , de reconnoître qu'un texte qu'il a regardé comme nouvellement fabriqué, a plus de 1200 ans d'antiquité ; & d'avouer en conséquence qu'il a accusé faussement d'un *crime & d'une espece de sacrilege* des Auteurs qui en étoient innocens. C'est une espece de confession publique, qui n'est pas gracieuse; aussi vous voyez qu'il manque bien des choses à l'intégrité de celle-ci.

Le motif qui lui fait faire cette démarche est encore remarquable (car il n'a pas voulu nous laisser ignorer la pureté de ses intentions) *Et ceci*, dit-il, *nous voulons le dire pour suppléer…. pour faire connoître la faute…. & pour maintenir nos Mémoires dans l'impartialité dont ils font profession.* L'IMPARTIALITE' DES MEMOIRES DE TREVOUX ! Si c'étoit un autre que le Journaliste qui parlât de la sorte , on prendroit cette expression pour une ironie des plus piquantes , & avec raison ; mais dans la bouche du Journaliste ce n'est qu'un paradoxe.

Pour *maintenir* les *Mémoires* de Trévoux *dans l'impartialité,* il faudroit du moins qu'ils eussent commencé d'en faire profession : les Sçavans & tout le Public sçavent ce qui en est, & si quelqu'un en doutoit il peut s'en convaincre par la lecture du premier Journal de Trévoux qui lui tombera entre les mains. Mais faut-il d'autre preuve contre la prétendue impartialité du Journal de Trévoux que ce qui a donné occasion à la Lettre que j'ai eu l'honneur de vous écrire ? En voulez-vous une nouvelle preuve ? Vous avez vû dans le second Journal de Novembre une Lettre pour justifier un demi-Pélagien , un ennemi de la doctrine de S. Augustin; vous en trouverez encore une seconde sur le même sujet dans le volume suivant ; ces sortes de piéces sont toujours bien reçues. Elles sont du goût du Journaliste, *hoc melli est ;* il les insere avec plaisir dans ses Mémoires. Mais qu'on dise seulement un mot en faveur de quelque disciple de S. Augustin , c'en est assez pour attirer à un Auteur les reproches les plus sanglans, & pour décrier son Ouvrage, comme plein de l'esprit de parti & indigne de voir le jour. *Telle est l'impartialité constante dont les Mémoires de Trevoux font profession.*

(y) Ferit charitatem in omnibus qui se audiunt , lingua maledica & quantùm in se est necat funditus & extinguit ; non solum autem , sed & in absentibus universis , ad quos volans verbum per eos qui præsentes sunt , venire contigerit. *Bern. sect.* 24. *in Cant.*

Ils font ordinairement remplis de lettres, ou d'extraits de lettres d'ouvrages contre lesquels le Journaliste juge à propos ... la
plupart lui font adressées. Vous diriez qu'il a un bureau ...
écrit pour lui, & d'où lui viennent ces fortes de papiers, qui certaine-
ment ne lui occasionnent pas de dépense pour le port. ... comme on
s'apperçoit en les lisant avec quelque attention, où il ne prend ... la peine
de déguiser son stile, si facile à discerner par l'affectation & l'air qui ...
regnent. (J'aurois pu me servir d'un autre terme) On ne manque jamais de
faire *beaucoup d'accueil* à ces fortes de productions; & on prodigue ... aux
Auteurs auxquels on témoigne savoir gré de leur faux zèle. Au contraire ...
Ouvrages critiques dans ces Écrits anonymes, font habilement ...
rebut par notre Aristarque, qui prend modestement le ton d'un ...
vant, qui se croit en possession de la Souveraineté dans la République ...
Lettres. Cela me rappelle un discours latin prononcé il y a deux ans par ...
de ses Confreres, dans lequel l'Orateur traita cette matiere. Qui ... *habiles
font qui, in Republica Litteraria principatum affectant.* Ce font, si je ne me trom-
pe, les termes du programme. L'Orateur avoit sous ses yeux dans la personne du Journaliste un beau modèle, pour faire le portrait *d'un veritable
dire des Lettres.* Mais rien ne convient mieux à notre sujet que ...
M. Nicole, autrefois un des plus grands hommes & des plus sensés, ... que ... a
produits, en parlant d'un Critique de son tems, qui publioit des *Nouvelles Littéraires*: « *C'est une chose pernicieuse*, disoit cet homme sage & judicieux ...
PETITS CENSEURS, *qui s'érigent un tribunal, & qui disposent de toutes ...
faites, qui font toujours le grand nombre.* Il faut cependant, M. que vous ...
quiez ici pour l'honneur de la France, & en particulier de Paris, que le Journaliste de Trévoux *y dispose* de très-peu *de tites.* On y connoît ... qu'en ...
sa plume, on lui rend toute la justice qu'il mérite, & on fait à ses Mémoires ...
accueil qui doit le mettre à l'abri de toute tentation de vanité. Sa critique contre les bons Ouvrages ne fait qu'en relever le mérite, & leur donne ...
de cours: enforte qu'on peut dire de lui, *plus prodest laus* ... *ces
paroles seroient sa vraie devise.* Aussi jamais Libraire ne s'est-il plaint ...
Journaliste de Trévoux lui ait fait tort par ses déclamations, & dans ...
Paris, vous ne trouveriez pas une seule personne de bon goût qui ...
qu'ait empêché d'acheter un Livre. Mais combien n'en a-t-elle par fait acheter? Assurément il mériteroit à très-bon titre des remercîmens des ...
teurs & des Imprimeurs. Son procédé à l'égard des Auteurs ...
bévue dans laquelle il est tombé en les accusant faussement d'une ...
espèce de sacrilege, & en leur prêtant le dessein criminel d'avoir voulu par la
situation d'un passage à un autre attribuer à un Père *des idées vicieuses, don-
venus*; un procédé, dis-je, si injuste, si révoltant & si contraire aux règles ...
l'équité & la charité prescrivent est encore bien propre à confirmer ...
dans la juste idée qu'il a des Mémoires de Trévoux. Enfin la *critique* qui lui ...
venue en *penser* à ce sujet, indispose encore plus contre lui que l'accusation même. C'est ici qu'on pourroit dire, que *rien n'épuise tant la patience*, qu' ...
Prêtre & un Religieux qui après avoir publié l'accusation la plus fausse & la plus
atroce, s'érige en Critique, au lieu de reconnoître & réparer hum-
faute, & qui se contente de *faire remarquer celle de l'Auteur de la Lettre* ...
parler de la sienne; & cela par la vue pure & *désintéressée de* ...
Mémoires, dans l'impartialité constante, dont il ose dire, *qu'ils font profession.* Puisqu' ...
est si jaloux de l'impartialité de ses Mémoires, donnons lui, M. s'il l'agrée,
le titre d'*Écrivain impartial*. Quelle difficulté y auroit-il à lui donner ...
Jamais Ptolomée II Roi d'Egypte, ne mérita si bien ce ...
finis, M. en vous renouvellant les assurances de l'estime ...
profession d'être, &c.

4 *Décembre* 1750.

www.ingramcontent.com/pod-product-compliance
Lightning Source LLC
Chambersburg PA
CBHW051214050726
47594CB00007B/3206